THE EPIC OF
KELEFAA SAANE

African Epic Series
Thomas A. Hale and John W. Johnson, editors

THE EPIC OF
KELEFAA SAANE

Sirifo Camara

Edited and translated
by Sana Camara

INDIANA UNIVERSITY PRESS
Bloomington and Indianapolis

This book is a publication of

Indiana University Press
601 North Morton Street
Bloomington, Indiana 47404-3797 USA

www.iupress.indiana.edu

Telephone orders 800-842-6796
Fax orders 812-855-7931
Orders by e-mail iuporder@indiana.edu

© 2010 by Indiana University Press
All rights reserved

No part of this book may be reproduced or utilized in any form or by any means, electronic or mechanical, including photocopying and recording, or by any information storage and retrieval system, without permission in writing from the publisher. The Association of American University Presses' Resolution on Permissions constitutes the only exception to this prohibition.

∞ The paper used in this publication meets the minimum requirements of the American National Standard for Information Sciences—Permanence of Paper for Printed Library Materials, ANSI Z39.48-1992.

Manufactured in the United States of America

Library of Congress Cataloging-in-Publication Data

Camara, Sirifo.
 The epic of Kelefaa Saane / [performed by] Sirifo Camara ; edited and translated by Sana Camara.
  p. cm. — (African epic series)
 Text is the English translation annotated from the original Mandinka.
 In its written form, The Epic of Kelefaa Saane is a faithful transcription and translation of the performance of Sirifo Camara. The epic was recorded in the city of Dakar, Senegal, in 1987 by Boundiaye Jiite, an important patron of Senegambian music.
 Includes bibliographical references and index.
 ISBN 978-0-253-35463-1 (alk. paper)
 1. Saane, Kelefaa—Poetry. 2. Mandingo poetry. 3. Mandingo poetry—Translations into English. I. Camara, Sana, 1959– II. Title.
 PL8491.7.E65 2010
 896'.345—dc22
                                                    2009040574

1 2 3 4 5   15 14 13 12 11 10

For Francis Abiola Irele, the cosmopolitan scholar.
To my Kaabunka parents, Boucary and Dieynaba.

Contents

Preface and Acknowledgments	ix
Introduction	xiii
Note on Spelling and Pronunciation	xxxiii
THE EPIC	2
Annotations to the Mandinka Text	165
Bibliography	179
Index	181

PREFACE AND ACKNOWLEDGMENTS

THE EPIC OF KELEFAA SAANE is part of the repertoire that maintains the memory of a legendary warrior prince of Kaabu, a kingdom in the Senegambian area of West Africa, in the nineteenth century. He helped rally the Mandinka people to defend their region against the threat of an invasion. Today, the Mandinka *jalóol* (plural of *jali*, the Mandinka word for the regional term "griot"), continue to identify him as a person with extraordinary merits. Furthermore, every young *jali* by custom must begin his instruction on the kora—a twenty-one stringed harp-lute—by mastering *Kelefaa baa*, "Kelefaa the Great," one of the songs dedicated to the Mandinka cultural hero and one of the most popular songs in the larger Mandinka repertoire.

In its written form, *The Epic of Kelefaa Saane* is a faithful transcription and translation of the performance of Sirifo Camara. The epic was recorded in the city of Dakar, Senegal, in 1987 by Boundiaye Jiite, an important patron of Senegambian music. The text in English, 3,202 lines long, is a linear translation of the *jali*'s performance, which lasted two and a half hours. Neither an interpretation nor even a rewriting, the story by the *jali* rendered here conveys as much as is possible in written form the flavor of the original narration. The introduction to the epic and the annotations, which explain certain nuances of the text, clarify the contextual and historic frame of this great epic work.

As "text," the epic of Kelefaa represents the third published version in English that describes the legendary life of Kelafaa Saane. The first version, by Bamba Suso, and the second, by Shirif Jebate, recorded by Gordon Innes and first published in one volume in 1978 (by the School of Oriental and African Studies at the University of London) and republished in 2002 (by Routledge Curzon), are quite short (780 lines and 533 lines, respectively). They are both out of print and contain far fewer examples of the song and recitation modes typical of Mandinka epics from the vast Mande region of West Africa than does this volume. It is this mode that gives the far more detailed 3,202 line narration by Camara stronger heroic resonances. For this reason, the epic text presented here fits far more closely the epic tradition of the region, has a heightened emotional impact on the Mandinka listener, is nearly six times longer than the previous pair, and has more extensive annotations and a more thorough introduction placing the epic in its cultural context.

To make the rather challenging transformation from oral narrative to printed text, I personally transcribed the epic, using the two cassettes that were available to me, and translated the entire text into English. Each time I encountered difficulty hearing or understanding the recording, I obtained an explanation from Jali Morikeba Kouyate, the person who prompted my desire to study the performance of Sirifo Camara. On more than one occasion during a visit to Senegal, I also consulted Solo Kutujo, a kora player who accompanied the performance of Sirifo Camara, and who greatly contributed to my understanding of both the narrative and the cultural context. Mallafé Dramé, professor of African linguistics at King Saud University, in Saudi Arabia, also contributed to the translation of certain expressions. Concerning the text as a whole, I had a two-year correspondence with the editors of the series, two specialists in African epic texts, John Johnson and Thomas Hale. I followed their recommendations regarding the transcription and translation as well as the introduction and notes. It is thanks to them that this project has become a reality.

The goal of this edition, like that of the narrator Sirifo Camara in the oral context, is to make available to a wider audience, in this case readers in many fields, a distinctive example of the African oral epic from an authentic source. This work will be a significant addition to the corpus of African oral epics for both scholars and students interested in African literature, folklore, linguistics, anthropology, and multicultural studies in the United States and abroad.

I had one written internet correspondence with Sirifo Camara before his death. He related his biography to me through my sister, Sartha Camara. He also exhorted me to make his work known. It was three days after my arrival in Dakar, in December 2003, that I received the unexpected news of his passing. I pray that he will rest in peace.

I would like to thank his wife, Khady Fati, who showed much enthusiasm for the completion of this project. I would also like to offer special thanks to a number of my colleagues at Truman State University who have, directly or indirectly, helped during the preparation of this book. They provided constructive criticism, which led to the improvement of the text. First of all, I would like to extend my gratitude to Jonathan Smith for his assistance in the illustration of maps of the Kaabu region as it existed during the life of Kelefaa Saane. Greg Richter, Patrick Lobert, Hena Ahmed, and Elizabeth Delmonico supplied me with vital feedback and much-appreciated advice. Adam Davis has sustained me in the belief that this work was worth doing in English. I also record my appreciation to my student assistants, Daniel Coate,

Matt Deckard, Catherine Link, and Jesse Holt, who diligently read the various manuscripts I gave them.

Once again, I renew my profound gratitude to Thomas Hale, John Johnson, and Dee Mortensen for their encouragement and support. I am also grateful to Mallafé Dramé, Morikeba Kouyate, Sidaty Danfa, and Solo Kutujo for taking the time to share their thoughts and opinions with me. Just like Sirifo Camara, these people are devoted guardians of the collective memory of the Mandinka people. My ultimate and deepest gratitude goes to my brother, Ery Camara, to Ishaq Shafiq, Georges E. Bokamba, Mbye Cham, Joseph Benevento, Ruthmarie Mitsch, the late John Conteh-Morgan, and Abiola Irele for their unfailing, unconditional support.

INTRODUCTION

The Mandinka griot, known locally as *jali,* sees himself as the keeper of values that are deeply rooted in the oral traditions of the Senegambian peoples, including the Fulani, the Soninke, and the Wolof. These peoples share a vast region and many cultural traditions with other societies. The bards convey those values in the epics of the ancient Soninke kingdom of Ghana (800–1100) in what is today southern Mauritania and western Mali; the Mande kingdom of Mali (1250–1450) in western Mali and northeastern Guinea; and the Mandinka kingdom of Kaabu (1650–1867) in eastern Gambia and the surrounding area of southeastern Senegal. The Mandinka were for many centuries under the influence of both Ghana and Mali, when these two powerful kingdoms were at the height of their power in the eleventh and fourteenth centuries.

The gradual westward demographic expansion of the Soninke and Mande immigrants was critical in the consolidation of the cultural unity of the Senegambian peoples. For this reason, it is hardly surprising that the Mandinka *jali* learns not only local epics but also those of neighboring peoples.

The epic of Sun-Jata (also spelled Sunjata and Sundiata) from the Mali kingdom is one of the most widely known and narrated stories in the region. It conveys the story of the man who is reported to have founded the Mali Empire, most likely in the thirteenth century, although we have no firsthand documentation for him from that period. But thanks to the epic, his impact as a legendary hero is still felt throughout West Africa. The epic is narrated orally and on the radio, sold on recordings in the marketplace, and read in schools.

Both Arab and African historians, chroniclers, and travelers such as Al Bakri, Al Umari, Ibn Battuta, Ibn Khaldun, Es Saadi, and Kati have described in varying detail the rise and fall of the kingdoms of the Sahel. In the case of Mali, although there is no reference to the founder of the empire in these accounts, one finds eyewitness descriptions of the rulers who brought it to its apogee after him, notably in the fourteenth century with Ibn Battuta's detailed description of life at the court of the ruler, and descriptions of Mansa Musa's pilgrimage to Mecca. In spite of the variation in documentation, one can conclude that the rise of the kingdom and the unification of peoples on both sides

Jali Sirifo Camara (left)

Jalóol Ibraahima Sisoho and Solo Kutujo

Jali Morikeba Kouyate

of the Niger River's bend are due to the leadership skills of the Keita family descended from the founder, Sun-Jata Keita.

Just as the Mande celebrate Sun-Jata, the Senegambian Mandinka maintain the memory of the kingdom of Kaabu, which rose to power after Mali was invaded and dismembered by the armed forces of Koli Tengela in 1490 (Barry 1988, p. 7). However, the cultural unity of the region had been dominated by the intermingling of peoples of Senegambia and the Mande immigrants, who are said to have set out to conquer Kaabu in eastern Gambia under the leadership of Tiramagan Tarawere, one of Sun-Jata's lieutenants, in the thirteenth century. By the eighteenth century, Kaabu was organized as a confederation of over thirty provinces after it was no longer within the political orbit of Mali (Barry 1988, p. 21; Niane 1989, p. 54). Its major rulers were military aristocrats called *ñancóol* (Nyanchol), who shared the family names of Saane and Maane. They claimed kinship with Tiramagan Tarawere and a female aristocrat named Balaba (Niane 1989, p. 40). In spite of their indiscriminate celebration of the Kaabu rulers who might be of foreign or local origin, the Mandinka *jalóol,* or griots, revere more than any other warrior Kelefaa Saane, the *ñancóo* hero whose dra-

Jali Laalo Keebaa Daraame

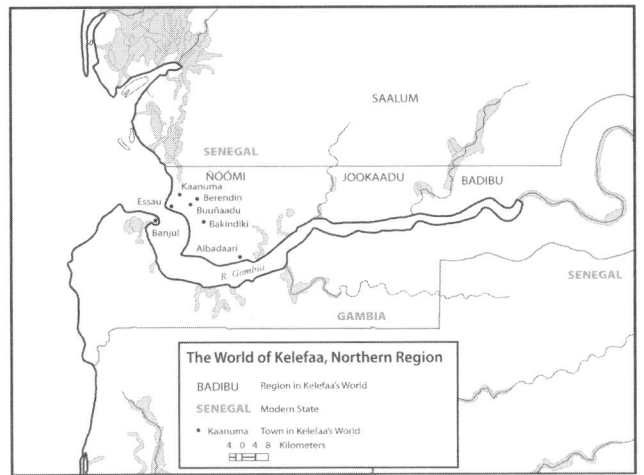

Map 1. The World of Kelefaa, Northern Region

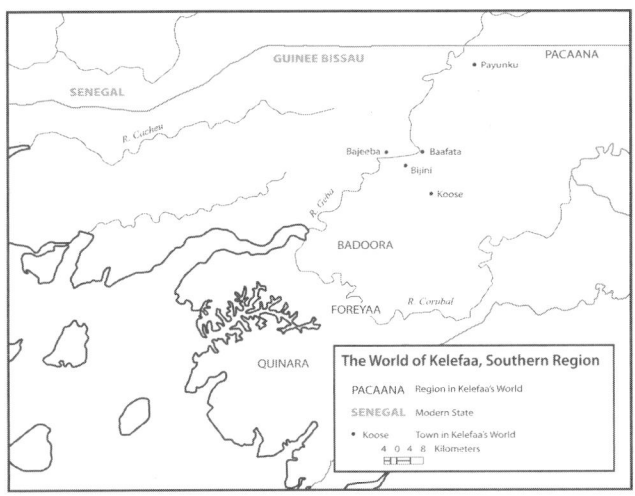

Map 2. The World of Kelefaa, Southern Region

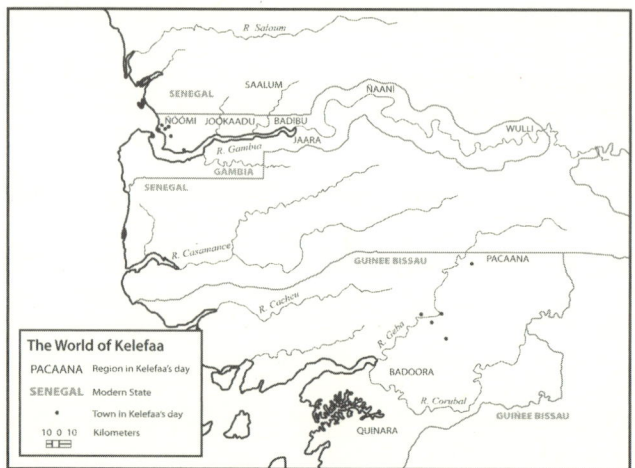

Map 3. The World of Kelefaa

matic representation is the most significant in the historic traditions of the Mandinka people. Gordon Innes, a pioneering scholar in Mandinka oral literature, first introduced these epics narrated by Gambian bards with his publication of about eight bilingual versions. His first volume contains three versions of *Sunjata* (1974). His second volume, *Kaabu and Fuladu: Historical Narratives of the Gambian Mandinka* (1976), contains one version each of *Janke Wali, Kaabu,* and *Fode Kaba,* and two versions of *Musa Molo.* Innes's third volume, *Kelefa Saane: His Career Recounted by Two Mandinka Bards* (1978), contains two versions of *Kelefa Saane* as recounted by the skillful wordsmiths Bamba Suso and Shirif Jebate.

The Hero

For many readers outside the Senegambian region, nothing seems more surprising than the celebration of Kelefaa Saane as the archetypal hero of the Mandinka by bards. He is a culture hero who is indeed a failure. Kelefaa never gained his own throne. He lived a violent life of battles and wars, only to be killed through betrayal. Scholars of the Senegambian region did not bother to include Kelefaa Saane in historical and political accounts of Kaabu. The events of his career, if ever they happened, were not judged worthy of memory. But within the context of Sirifo Camara's epic, Kelefaa Saane was a pure warrior. Never defeated in battle, he challenged the political order of the time, only serving kings of his own choosing and always proving his mettle on the field of battle.

Had he pursued his drive to usurp the kingship of Badoora from his uncle, Sanka Nanki, Kelefaa Saane would have increased his chances to spread his authority over the neighboring chiefdoms and shape the destiny of Kaabu. Rather, he opted to distinguish himself in the martial arts as the most able warrior of the region. Indeed, the thematic structure of the narrative recounted by the Mandinka *jali* Sirifo Camara can be summed up in the fighting exploits of the Mandinka hero, both real and imaginary. Kelefaa Saane's passion for war, second to none among his contemporaries, goes beyond the limits of reason. When he failed in his attempt to engage in vigorous battles against the kings of northern Kaabu, he joined the forces of King Demba Sonko to help them strike the enemy at Jookaadu in northwestern Gambia. Kelefaa Saane was then determined to put his talent to the test, despite King Demba's warning about the prophecies of his death from the outcome of the war. His show of bravery and loyalty, his insatiable appetite for battle, and his readiness to flaunt death in his commitment to the interests of his people are perhaps the distinctive traits that made Kelefaa Saane the central figure of the Mandinka epic. Kelefaa has been chosen by the *jalóol* for immortality because he was the greatest warrior from a society of warriors.

Griots

"Griot" is a regional term of uncertain origin that appeared in the French language in the early seventeenth century (Hale 1998, pp. 357–366). The griots in the Sahel region of West Africa have a variety of roles. They are musicians, historians, advisers, spokespersons, diplomats, interpreters, mediators, and praise singers (Hale 1998, pp. 18–58). The local term for "griot" differs from region to region and language to language, thus: *guewel, jesere, jeli, jali, gawlo, marok'a*. In Senegambian Mandinka, the word *jali* becomes *jalóo* in the singular definite and *jalóol* (or *jalóolu*) in the plural definite.

The *jali* is a member of a distinct social group known in the Mande world as *ñamakalaaw*. Widely viewed as a "caste," *ñamakalaaw* are artisans who possess a form of occult power specific to their profession. There is some debate among scholars today over the validity of the term "caste" to describe these artisans of the word.

The *jalóol* of the Kaabu region fit into a society that is divided into three groups: families of freeborn origin (*batufaal*), families in the artisan class (*ñamakalaaw*), and a third group of families that are descendants of slaves (*joŋóol*) in former times. The *ñamakalaaw* are further divided into specialty groups: *karankéél*, or leatherworkers, *numóol*, or blacksmiths and woodcarvers, and *jalóol*, or bards. Each is responsible for providing necessities such as saddles and other leather items, weapons and agricultural implements, and words for important events and other activities. The third group consists of those of captive origin. Slavery no longer exists in the Senegambian region, but the memory of it survives in families whose ancestors may have been slaves up to the early part of the twentieth century.

From the lines of the *Epic of Kelefaa Saane*, the listener is told what the Mandinka *jalóol* believe about their present and past roles in society:

> *Bii lom jalóol buŋ óo buŋ i si duŋ jéé*
> *Bari wó tumóo jalóol ka buŋ ne waliŋ*
> *Mansakéé buŋ nom, lallumé buŋ, kandaa buŋ.*
> *Bii lom jaliyaa keta béé taa ti.*
> *Bari kunuŋ jalóol niŋ i la taal lom.*

> Nowadays, *jalóol* visit all chambers.
> Before, however, *jalóol* visited a few chambers:
> That is, the king's, the cleric's, and the warlord's chambers.
> But today's *jalóol* sell their good services to everybody.
> The *jalóol* of yesterday had their own patrons.

The functions assigned to the *jali* were to extol the accomplishments of the king and his generals. The *jali* also used the power of his words as a catalyst to motivate and instill energy in the hearts and spirits of the warriors. In serving the interests of the court, the *jali* played the role of ambassador, musician, praise singer, and genealogist. The training of the *jali* in Islamic knowledge by itinerant clerics from Mali served the royal court on matters of jurisprudence. Kelefaa Saane's contemporary, Jali Musaa, embodied these three functions when he was in the service of the Njaay clerics of Kulaari, Kelefaa Saane, and King Demba. Furthermore, he was skillful enough to inspire the creation of the coalition of forces between King Demba and Kelefaa Saane so as to overcome the enemy at Baariyaa. His skill in diplomacy thwarted the enemy forces that sought to sacrifice the body of Kelefaa Saane to the vultures. His influence with all three patrons—the warrior Kelefaa, King Demba, and the Islamic leaders—indicates how much power the *jali* had accrued in Mandinka society.

Since the decline of the kingdom of Kaabu in the second half of the nineteenth century, the situation of the *jali* across the Sahel has changed, with fewer opportunities for noble patronage and greater dependence on a wider range of people in society. One consequence of this change is that the functions of the *jali* have broadened and become multifunctional since the disappearance of the feudal societies within which they held prominent positions. The Mandinka *jali* now represents the whole region when he chooses new heroes among the notables and elected officials of Casamance, a region in southern Senegal, even if they come from another ethnic group. Adama Diallo and Émile Badiane, respectively of Fula and Joolaa origins, and former cabinet members under President Léopold Senghor, are prominent figures in the contemporary repertoire of Mandinka *jalóol*. At weddings and naming ceremonies the patrons choose the *jalóol* to proclaim to the public the name of the newly born. They are masters of ceremony in almost all social events, and oftentimes they switch languages to accommodate their audience. Patrons from all occupations invite them to recount stories of kings and princes or praise the merits tied to their patronymic by reciting the genealogies of their families. *Jalóol* are also wordsmiths who know etiquette and customs. They can train their patrons in how to polish their language and how to conduct themselves with dignity in ceremonies.

Quite a few Mandinka *jalóol* still preach on the radio the values of Islamic culture, laying emphasis on the teachings of the Qur'an and the Hadith or on issues pertinent to their own brotherhoods. They also dwell on the lives of local mystics, calling on the people to subscribe to the orthodoxy of the religion. This show of fervor is carried out in accordance with an old tradition. Across the Sahel, many *jalóol* recount that Suraakata, from whom they claim their lineage, was the greatest exhorter of the forces of Prophet Muhammad in times of battle (Huchard 2000, p. 294).

Jali identity is primarily hereditary, but not all those of *jali* origin are endowed with the musical and verbal talent to carry out the functions of *jaliyaa,* the profession of the *jali*. The very few who do so measure their success at regional festivals held throughout the year, or, as in the case of Sirifo Camara, receive great attention from radio listeners.

SIRIFO CAMARA

Sirifo Camara, known officially as Chérif Camara, was born circa 1938 in Ziguinchor, the main city of the Casamance region of southwestern Senegal. He was a *jali* by birth, although his patronymic hardly falls within the profession's most common lineages: Daraame, Jebaate, Konte, Kouyate, Sisoho, or Suso. Sirifo Camara took at a young age intensive instruction in singing and playing the kora, the two skills every *jali* must acquire. Kécouta Camara, his father and devoted master, instilled in him the drive to study the intricate techniques of oral performance until he could reach the level of perfection. Kécouta Camara gave the title of *jali baa,* or great *jali,* to his son when the young bard acquired the skills expected of a talented young *jali*. But Sirifo still had more to learn, and, following tradition, he set out on a long journey throughout the Mande to study with other *jalóol*.

Sirifo Camara became a voice of authority in Mandinka culture after his appointment as traditional historian by the Channel 4 radio station of Ziguinchor. He worked there for over twenty years as an accomplished composer, singer, performer, and poet, not merely a "transmitter of records" (Lord 1960, pp. 13–29). He also earned some of his living by visiting private patrons and performing in the troupe called Alandaar. Sirifo Camara performed epics about many Mandinka heroes: Kelefaa Saane, Jankee Waali, Mali Saajo, Bamba Boojang, Sirif Siidi Aydara of Sibikuroto, and Ansu Masiin Maane of Simbandi Baraasu. His kora accompanists included Laamin Konte, Jali Kemo Jebaate, Sirifo Konte, Maalang Jebaate, Kejang Jebaate, Solo Kutujo, Kawusu Kouyate, and Morikeba Kouyate, among others. He performed *The Epic of Kelefaa Saane,* which lasted four hours with an interval of one and a half hours, in 1987 at Boundiaye Jiite's home. Boundiaye Jiite was a music producer who invited *jalóol* from Casamance to his home in Dakar to perform. Their performances were recorded by him and sold as cassettes on the market. For my research, I have utilized two cassettes that I purchased in Dakar.

The Text

In the last three decades, scholars on African epic traditions have developed new insights about the nature of the West African oral narratives. In an elaborate formulation, John Johnson (1992) posited a model rooted in a holistic method of investigation, which combines and highlights the structural episodes and contextual elements of performance. Building on his experience, I shall identify the structural and contextual traits of *The Epic of Kelefaa Saane* and show how these define the work as an epic narrative. Sirifo Camara, however, did not call his work that, but he used the word *istuwaaróo* (from the French, "histoire," or "history," "story") for his performance. On one occasion, he referred to his performance as *kiisatóo,* which means "history" or "historical events," a term borrowed from the Arabic *qissah*. By using these words, Sirifo Camara suggests that his work presents a tableau that brings together all the important phases of the hero's life and that requires a long biographical narrative to do so. It seems then that Sirifo Camara does not clearly distinguish between what is real history and what is pure epic, a work of his imagination, as supported by the fact that he is embedding in his narrative features of the supernatural and the marvelous, and is adopting the tradition of formula common to epics.

POETIC LANGUAGE

The Epic of Kelefaa Saane is a long poem of expressive power, one that proceeds from language so elaborate in forms and thoughts that it differs by far from casual conversation. The narrative structure of the epic emerged from the association of three compositional modes of expression: the narrative mode interspersed with the praise-proverb mode (indented in the epic text) and the song mode (indented and italicized). Through the eloquent diction of his poem, the exuberance of his imagery, and the manipulation of formulaic patterns, Sirifo Camara proves that the genius of the Mandinka language is fit for poetic expression. His frequent uses of assonances and alliterations, which are lost in the English version, give aural charm to his performance. It is these traits of the *jali*'s ingenious expression that distinguish *The Epic of Kelefaa Saane* as a poetic form of narrative. In addition, the rich musical flow in which the *jali*'s language is steeped is governed by the musical accompaniment of the kora, a twenty-one-stringed lute-harp. The *jali* pays homage to the beautiful sounds of the kora in the following description:

> *Furéé saba le bi jaŋ.*
> *Ñiŋ béé be kende kaŋóo fo la.*
> *Mbiraŋóo mu furéé le ti, kulóo furéé,*
> *Kolomóo furéé.*
> *Ñiŋ furéé sabóo bée be kende kaŋóo fo la.*
> *Bari ninsi kulóo ka muŋ fo ñiŋ dulaa to,*
> *Niŋ a tara a lóóriŋóo a ka wó le fo,*
> *Buuséé béé te a faa la.*

> There are three dead elements here.
> They all produce pleasant tunes.
> The calabash is a dead body, the hide, a dead body,
> The wood, a dead body.
> All three of these dead bodies produce pleasant tunes.
> But that which the cowhide says at this moment—
> If alive it had been saying the same thing,
> The butchers would not have sacrificed it.

There is an aesthetic appeal in the images of the rebirth and permanence of the elements of nature. Such beliefs govern the ontological foundations of many African societies. In one of the dialogues between Jali Musaa and King Demba, the *jali* alludes to obscure information about Kelefaa Saane. Puzzled by the complexity of the metaphor, the king asks the *jali* to explain the allusions. Jali Musaa then names Kelefaa as the object of the extended metaphor. And what follows is a series of comparisons showing Kelefaa's supremacy as a warrior over King Demba.

> "Who, then, is the bravest between Kelefaa and me?"
> King Demba asked.
> The *jali* said: "Between you and Kelefaa
> "It's like between the sea and its tributary."
> King Demba said: "Who represents the sea then?"
> The *jali* replied: "Kelefaa represents the sea.
> "You represent the tributary."
> He said to the king: "Between you and Kelefaa, it's like
> between the well and the tributary."
> The king asked him: "Then who represents the well, great
> *jali*?"
> The *jali* said to him: "You, King Demba, you are the well;
> "Kelefaa is the tributary.
> "Ever since I knew the son of Maryaama Nanki,
> "I never saw him flee the battlefield."

Death appears as an allegorical figure of dancing horses in the following song:

> *Suwóol be dóŋ na maaróol la suwóol be dóŋ na*
> *Janfaa tiñaata suwóol be dóŋ na*
> *Yee maaróol la suwóol be dóŋ na wóo*
> *Janfaa tiñaata suwóol be dóŋ na*

> The horses are dancing; the princes' horses are dancing.
> The world has broken apart, the horses are dancing.
> O yea, the princes' horses are dancing.
> The world has broken apart, the horses are dancing.

Consider these couplets:

> *Bambóo seletóo santo potóo selendi.*
> *A jiitóo duuma jamba jaara jindi.*

> The crocodile crawls up the shore with mud.
> He goes into the water with leaves.

> *Suu ka dii kéébaadóo la,*
> *Wula maŋ dii i la.*

Wula ka dii kéébaadóo la,
Suu maŋ dii i la.

There are men who like to stay at home;
They don't like to travel abroad.
There are men who like to travel abroad;
They don't like to stay at home.

Baluu luŋóo la joŋóo mu ka saayaa.
Saayaa luŋóo la joŋóo mu ka baluu.

One does not die the day he is elected to live.
One does not live the day he is elected to die.

We can certainly appreciate the verbal style utilized in the first couplet, where the rhythm of the verse, heightened by the use of beautifully crafted alliteration and assonance, contributes to the lyrical effect of the narrative. The striking feature in the next two couplets is the use of semantic parallelism, which "consists in the transposition of identical words or details within the same or adjacent statements" (Okpewho 1992, p. 82). The antithetical parallelism displayed in both verses illustrates a balance in the number of units and words. Besides these rhetorical devices, the *jali* uses elsewhere other prosodic elements such as metonymy and puns that contribute to the poetry of the narrative.

STRUCTURE AND NARRATIVE STYLE

The narrative structure of *Kelefaa Saane* reflects the triadic framework of the *Son-Jara* epic narrated by Fa-Digi Sisòkò in that it is made of episodes grouping thematic units. The themes themselves are conveyed by numerous devices, such as praise names, genealogies, proverbs, prayers, and ideophones. These are woven into the plot and serve the *jali*'s interest in displaying to his audience, upon whom he wants to make a great impression, the breadth of his knowledge and wisdom, as the repository of their complex cultural values. Again, the episode pattern of the *Son-Jara,* whereby the mutual relationships between episodes are defined by geographical location, is the same as that of *Kelefaa Saane.*

The first episode takes place in Badoora, where the orphan hero spent much of his adolescent life borrowing the means of his transportation. Another episode, involving Kelefaa's fight with the Fulaforoo, takes place in the Fuladu region. Kelefaa then returns to Badoora before embarking on a northeast journey to Bijiini. The final episode is set on the north bank of the River Gambia. There are other episodes (e.g.,

Suleymaan Baa Baayo's settlement in Bijiini) that accompany the plot, though one can identify them as digressions on the part of the bard.

Whenever Sirifo Camara shifts from one episode to the other, he uses songs and proverbs or transitional phrases such as "*I bi jéé*" (Time passed) or "*Wó ñaa lom*" (After that) to announce the closure of one event. Overall, the plot in the oral narrative moves chronologically from one scene to the next without temporal interruption.

HEROIC CONTENT

In Mandinka oral traditions, the very notion of heroism is primarily rooted in the military achievements of the *ñancóol,* the aristocratic warriors of Kaabu. Kelefaa Saane made his considerable reputation by elevating himself beyond comparison. There are fundamental components of Kelefaa Saane's idiosyncratic personality that helped nurture the *jalóol*'s unmistakable admiration for him. The first distinguishing element is the fear the orphan child, Kelefaa Saane, instilled in the heart of the people of Badoora, his birthplace, by wreaking havoc on their properties under the pretence of being the children's king. In subverting the governing system of the land, the intrepid adolescent was also seeking to establish both his destiny as a hero and his prestige among his peers. His disruptive actions culminated in a feud with his uncle, Sanka Nanki, the king of Badoora. Kelefaa Saane convincingly won the two mysterious battles that opposed him against his uncle, aided in large part by his jinn wives, and proved his supremacy over his people. These signs of heroism, by ways of subversion, were relatively less appreciated by the people of Badoora than Kelefaa Saane's interventions in the battles opposing, on one hand, the people of Badoora and the Fula of Foreyaa, and on the other hand, King Demba Sonko of Ñoomi Berending and the Serer of Jookaadu Baariyaa.

Drawing on the occult powers bestowed upon him by several creatures, Kelefaa Saane single-handedly crossed from Badoora into Foreyaa to raid the Fula and took captive King Laamulo and members of his court. This galvanizing moment marked his preeminence among the warlords of Kaabu and generated an improvised praise song known among all *jalóol* as "Kuruntu Kelefaa." Because he was very eager to fight wars, Kelefaa had to set out as an "exile" and challenge the chiefdoms that were once under the tutelage of the Mande. All his efforts failed him until he received an invitation from King Demba to assist him in fighting the enemy forces of Baariyaa. It is worth noting, at this juncture, that Kelefaa Saane's acceptance to fight alongside King Demba is underscored by his conviction of being unique, as he points out: "*Ŋ 'te ñoŋ joŋóo maŋ wuluu*" (There is no other man like me). He also believed that his death had already been written in the book of records and would come as scheduled. Though these two guiding principles seem paradoxical, they do not contradict each other in the Mande worldview. They made Kelefaa Saane the indomitable warrior who relieved King Demba of his intractable problems by conquering Jookaadu. In spite of the support he received from Kelefaa Saane, King Demba feared the warrior's power and influence over others. For this reason, the king played a central role in the assassination of Kelefaa Saane.

Kelefaa Saane has been recognized as a model of bravery and honor. These traits are thoroughly consistent with Gordon Innes's analysis "that Kelefa embodies in their highest form [the] ideals of everyday life such as unselfishness, loyalty to a friend, and courage" (1978, p. 10).

GREAT LENGTH

The epic is often defined as a long narrative poem about a hero. African epics are often measured not in lines but in hours and evenings (or days) required to recount them. In the transcribed and translated linear format of this version of *Kelefaa Saane,* the epic comes to 3,202 lines, a length that matches many other epics not only in the region but in other parts of the world. For example, *The Song of Roland* is 4,002 lines long; the *Son-Jara* narrated by Fa-Digi Sisòkò is 3,084 lines. Other published versions, for example those recorded by Gordon Innes, are somewhat shorter (780 and 533 lines). The longest epic from which excerpts were taken for the anthology edited by Johnson, Hale, and Belcher (1997) was the *Epic of Bamana Segu,* 7,942 lines in linear format, narrated during six recording sessions by Tayiru Banbera to David Conrad in 1978.

Although this version of *The Epic of Kelefaa Saane* clearly fits, by virtue of length, in the West African epic tradition, it is important to point out that length is a rather relative term for the oral epic.

Johnson has alluded to the performers' accordion effect, namely, their technique of expansion and reduction to fit the context of their performance. For instance, Sirifo Camara's incorporation of the theme of Suleymaan Baa Baayo, the Islamic cleric who asked that Kelefaa Saane be cursed for taking as captives his village's seven children, is an essential addition to the plot. In some ways, it creates tension between two opposing systems of beliefs shared by the same people and serves as a motif for Kelefaa's vulnerability.

Length, then, may be governed by the narrator's own view of what is important, by the context of the performance, including who is in the audience listening, or by a variety of other considerations, such as, in recent times, how much audiotape remains on the reel or how the narrator feels after several hours.

Multigeneric Qualities

Again, as with other Mande epics, *The Epic of Kelefaa Saane* can be divided into distinct genres. The epic itself constitutes the major framework of the text. But, taken separately, genealogy recitation, proverbs, praise poems about individuals and objects, etymologies, and blessings are generic forms of importance to the whole body. Most important, the generic forms combine to tell the story, which in turn enhances the society's traditional values. Thus, Johnson postulates that "this multigeneric structure is an important defining characteristic of this form of oral folklore" (1992, p. 10).

Legendary Belief Structure

Substantial secondary evidence has been collected to chronicle the careers and accomplishments of Sun-Jata, hero and founder of the Mali Empire in the mid-thirteenth century, as well as of Askia Mohammed, ruler of the Songhay Empire. Primary evidence details Askia Mohammed's reign from 1493 to 1528. But there is no such corroboration of Kelefaa Saane's impact on the course of the history of Kaabu. His memory, at best, has been grounded in oral traditions and still remains a mystery. In much of his repertoire of memorable events, the *jali* has bestowed upon Kelefaa Saane supernatural traits, emanating from the realm of animal spirits and jinns. The *jali* has also endowed him with an inordinate power to prevail over most of his adversaries. These extraordinary characteristics are consistent with the description of the legendary hero. These legends help support the basic tenets of the community's traditional values.

Multifunctionality

The epic plays a variety of cardinal functions aimed at crystallizing the fundamental values of the community, which bear witness to their distinct identity. Even if the *jali*'s primary objective is to place a premium on the historical achievements of his hero, he attempts to create a world vision that bears the stamp of a strong and integrated community. Thus, the epic should not be viewed merely as entertainment for a group of spectators but as informing the same people of their common origin, collective consciousness, and historical transformation. It tells of the establishments of political and cultural institutions that united the people behind a common goal. The *jali* offers a register of cultural values that binds the people to the past. He also develops arguments for the adoption of an ideal code of conduct, thereby designating the standards of excellence that the members of contemporary society should practice in their own interest and for the survival of the society (Okpewho 1992, pp. 116–117).

CULTURAL, TRADITIONAL TRANSMISSION

As the repository of his traditions, the *jali* has compiled a catalogue of information about the daily activities of his people. This catalogue contains information on hunting, fishing, warfare, agriculture, food, naming ceremonies, religious practices, status groups, artisans, and musical instruments. Together with his extensive use of proverbs, riddles, and etiological tales, the *jali* displays the range of his knowledge and the ease with which he can transmit the voice of his society.

The *jali* can use metaphoric language to censure other bards because of professional jealousy and rivalry. Most of the second-rate *jalóol* lose their credibility if they have not completed their apprenticeship in the profession. Today, it is imperative for a *jali* to acquire great knowledge on Islamic issues as they become central to the new community order.

RÉSUMÉ OF THE PLOT

Line numbers mark the different events and topics.

Line	Theme
Lines 1–7:	Praise poem.
Lines 9–21:	The *jali* introduces members of his cast and the audience.
Lines 22–28:	Genealogy of Kelefaa Saane's family.
Lines 29–45:	Explanatory notes on the installation of the Saane and Maane aristocracy.
Lines 66–83:	Etiological tales on the naming of Kelefaa.
Lines 85–94:	Genealogy of Kelefaa's mother.
Lines 105–155:	The theme song.
Lines 156–161:	Kelefaa's father, Ntubang Saane, stays with his uncle and eventually marries his uncle's daughter, Maryaama Nanki.
Lines 170–230:	The soothsayers predict that Ntubang Saane will father a baby and die before the naming ceremony.
Line 231:	Maryaama Nanki becomes pregnant.

Line 267–271:	Maryaama Nanki has a baby boy.
Lines 313–324:	Ntubang Saane sets out to make his last collection of tributes.
Lines 329–351:	The third day after Kelefaa's birth, following his father's death, the jinn makes its appearance before Maryaama Nanki and recommends that the newborn be named Kelefaa.
Lines 369–381:	Maryaama Nanki reports her vision to her brother, Sanka Nanki, the king of Badoora.
Lines 425–446:	The second jinn, the *jalansaa* (snake protector), makes its appearance.
Lines 447–471:	The third jinn, the *ñankonkoŋ* (chameleon), makes its appearance.
Lines 478–495:	The fourth jinn, the *kuutóo* (monitor lizard), makes its appearance.
Lines 542–551:	The jinn makes its appearance before Maryaama Nanki and recommends that Kelefaa, who is now twelve years old, wear a silver bracelet.
Lines 552–565:	Sanka Nanki carries the bracelet to Maaribantang, the royal tree, and leaves it there.
Lines 581–595:	The children of Badoora invest Kelefaa as their *kambaani mansa* (young king).
Lines 611–725:	Kelefaa and the children begin wreaking havoc on people's properties.
Lines 726–746:	Kelefaa challenges his uncle, Sanka Nanki, to a fight.
Lines 790–796:	Maryaama Nanki reports the people's grievances to the king.
Lines 824–849:	Sanka Nanki orders Kelefaa to look after his sheep.
Lines 853–919:	Six years later, a young jinn living in the Ñantana forest reveals to Kelefaa her love for him.
Lines 943–949:	Kelefaa marries the young jinn.
Lines 991–1067:	Sanka Mijjaa, the king's oldest son, fights with Kelefaa over his refusal to look after the sheep.
Lines 1079–1101:	Kelefaa questions his mother about his father's identity.
Lines 1120–1128:	At age twenty, Kelefaa leaves Badoora to announce his initiation in the neighboring villages.
Lines 1170–1212:	Midway in his journey, Kelefaa is surrounded by hyenas, who are testing his survival instinct.
Lines 1221–1358:	Kelefaa is ambushed by the Fula of Foreyaa, who fail to subdue him.
Lines 1277–1294:	Genealogy of Prophet Muhammad's family.

Introduction / xxxi

Lines 1409–1415: The Fula king of Foreyaa raids Badoora in the absence of Kelefaa.
Lines 1495–1624: Kelefaa makes an incursion into Foreyaa and takes the Fula king and his men captive.
Lines 1625–1657: The *jalóol* compose the song "Kuruntu Kelefaa" upon Kelefaa's heroic return from Foreyaa.
Lines 1724–1781: Kelefaa goes into initiation camp.
Lines 1782–1814: Kelefaa demands his share of the king's tributes.
Lines 1838–1853: Sanka Nanki calls on his advisers to help him thwart Kelefaa.
Lines 1862–2063: Cherno Yaayaa, the diviner, tries to turn Kelefaa into a subservient woman but fails.
Lines 2141–2142: Cherno Yaayaa returns to Fuuta to wait for his own imminent death.
Lines 2148–2182: Kelefaa marries his second jinn wife, brought to him by Cherno Yaayaa's people.
Lines 2195–2211: Sanka Nanki turns into a dragon and fights Kelefaa in the waters, to no avail.
Lines 2230–2258: Sanka Nanki turns into another creature, fights Kelefaa again, and loses the battle.
Lines 2297–2308: Kelefaa, who is worried about not fighting wars, goes to Bijiini for prayers.
Lines 2309–2319: Kelefaa catches seven children in Bijiini and barters them for arms.
Lines 2330–2429: Suleymaan Baa Baayo, an Islamic cleric from Timbuktu, settles in Bijiini beside Kumbiti Nanki, Sanka Nanki's brother. He and his followers cast a spell on Kelefaa.
Lines 2430–2449: Kelefaa leaves Bijiini and seeks to fight all the kings who were in the Manding. Karikong Bannaa, king of Fuuta, declines Kelefaa's challenge to battle him.
Lines 2479–2485: Tafuru Tandi, king of Pating, declines Kelefaa's challenge to battle him.
Lines 2487–2498: Jalaa Waali, king of Wulli, declines Kelefaa's challenge to battle him.
Lines 2500–2506: Jalang Konko, king of Ñaani, declines Kelefaa's challenge to battle him.
Lines 2508–2515: Jaasee Bannaa, king of Jaara, declines Kelefaa's challenge to battle him.
Lines 2516–2521: Sankalang Marong, king of Badibu, declines Kelefaa's challenge to battle him.
Lines 2522–2540: Jifaarong Koto, king of Kiyang, declines Kelefaa's challenge to battle him.

Lines 2542–2549:   Kelefaa stays for five years in Kiyang Tankulaar, where the respectable *jali,* Jali Musaa, comes to visit him.
Lines 2660–2751:   King Demba Sonko marries Maama Haadama and becomes king of Ñoomi Berending.
Lines 2757–2884:   Jali Musaa visits King Demba, who sends him to Kelefaa Saane, requesting his help.
Lines 2885–2909:   The Sonko lineage receives praises as the only kings who collect taxes in the region.
Lines 2912–2941:   King Demba consults the oracles about Kelefaa's fate.
Lines 2942–2987:   Kelefaa and his men infiltrate into Baariyaa and set the place on fire.
Lines 3078–3130:   King Demba's men set up a trap for Kelefaa and kill him with a lasso around his neck.
Lines 3156–3164:   Jali Musaa asks that Kelefaa be buried with due respect.

NOTE ON SPELLING AND PRONUNCIATION

I have to a large extent followed the spelling conventions adapted by the Centre de Linguistique Appliquée de Dakar (**CLAD**) for the transcription of the Mandinka text. Interested readers should be aware that each symbol in the text represents a distinct sound. The geminate consonants are doubled in writing. In pronunciation, they are held approximately twice as long as normal before release. Some of the consonants can be prenasalized.

The symbols **c** and **ŋ** represent sounds similar to sounds in English but shown in that language by a combination of letters. Below is an illustration.

For Mandinka words I have adopted an orthography reflecting underlying structure in lieu of one which focuses on superficial details of pronunciation.

	Mandinka	*English*
c /c/ (voiceless palatal stop)	caabóo (the key)	*ch*ild (but palatal)
Ŋ/ŋ /ŋ/ (velar nasal)	dindiŋ (child)	singi*ng*
	ŋanaa (warrior)	
x /x/ (voiceless velar fricative)	xani (no)	*h*ate

ñ (voiced palatal nasal) as in the Spanish word: **señor**

r is an alveolar trill.

Here is an illustration of the Mandinka oral vowels with their approximate match in English.

	Mandinka	*English*
1. short vowels		
a /a/	jali (griot)	Guyan*a*
e /e/	kele (fight)	s*e*t
i /i/	kili (call)	s*ee*k
o /o/	soto (have)	g*o*ld
u /u/	bulu (hand)	gl*ue*
2. long vowels		
aa /a:/	kaanaa (lizard)	l*a*va
ee /e:/	deemaa (to help)	br*ea*d

ii /iː/	siinóo (sleep)	f*ee*d
oo /oː/	toolaa (to name after)	b*o*rn
uu /uː/	wuluu (birth)	p*oo*l

3. short vowels with diacritics

é /ɛ/	jélu (how many)	j*ai*l
ó /ɔ/	wó (that)	v*o*te

4. long vowels with diacritics

à /aː/	bàndi (finish)	
éé /ɛː/	téérimaa (friend)	d*ay* (without offglide)
óo /ɔː/	móol (people)	p*o*ll
óó /ɔː/	jóónóo (bead)	p*o*ll

The vowel **à** is phonologically a long vowel.

THE EPIC OF
KELEFAA SAANE

The Epic

Balaamaŋ! tenkiliŋ ŋanaa a niŋ kànnii waali

      Saarafaa Ñaaliŋ Jeenuŋ
      Boobóo Tumóo niŋ Boobóo Senkuŋ
      Pacaananka Dàllaa Jeenuŋ
5   Pacaananka tenkiliŋ sóólaa
      Tenkiliŋ ŋanaa a niŋ kànnii waali
      Yoobaa!
      Jumaa le be ñiŋ kooraa kosóo la?
      Wó lom Solóo Kutujóo Bantanjaŋ
10   A niŋ Manjaara a niŋ ŋ'te Sirifóo Kamara.
      Mbe a ke la jumaa le ye?
      Bànnaa diŋóo Suufule Jiité
      A niŋ Abdulaay Kebe Jakaraasi
      A niŋ Kééluntaŋ Kebe.
15   Ŋ'na Jaaxankóo fanaŋ, Sankuŋ Jaabi, fele siiriŋ
      A niŋ Jaakundaa Jaaxankóo.
      Ye ŋ'ñininkaa Kelefaa Saane la istuwaaróo la.
      Ŋ'si kumandiŋ kàccaa i ye jéé ŋa muŋ loŋ.
      Jiité Bànnaa Daraame musóo kéé!
20   Ŋ'te Sirifóo Kamara niŋ Solóo niŋ Maalaŋ,
      Mbe kàccaa la wó le ye a faŋóo la bunkono Ndakaaru.
      Kelefaa Saane, mbe a kumaasee la a mumuŋ ne la.

      Wó lom Yunka Saane ti.
      Wó Yunka Saane, a ye Yirikuntu Saane wuluu.
25   Yirikuntu Saane, a ye Suwaaró Saane wuluu.
      Wó Suwaaró Saane, wó le ye Nfàlli Saane wuluu.
      Wó Nfàlli Saane, i ko a fo wó le ye Ntubaŋ Saane.
      Wó Ntubaŋ, wó le ye Kelefaa wuluu.
      Kelefaa la istuwaaróo, niŋ ye a móy jali wóo jali le la,

The Epic

Balaamang! The one-palm-tree-warrior and the old brave soldiers.
Saarafaa Ñaaling Jeenung,
Booboo Tumoo, and Booboo Senkung.
Dallaa Jeenung of Pachaana.
5   The one-palm-tree-driller of Pachaana.
The one-palm-tree-warrior and the old brave soldiers.
Yoobaa!
Who is playing this kora?
It is Solo Kutujo of Bantanjang,
10 With Manjaara and myself, Sirifo Camara.
To whom do we have the honor?
Suufule Jiite, son of Bannaa,
Abdulaay Kebe Jakaraasi,
And Keeluntang Kebe.
15 Our Jaahanke, Sankung Jaabi, is also here,
With the Jaahanke of Jaakundaa.
They asked us to tell them the story of Kelefaa Saane,
Recounting the facts, as we understand them.
O Jiite Bannaa, husband of lady Daraame!
20 It's us, Sirifo Camara, Solo, and Maalang,
Who are talking to him in his room, here in Dakar.
I will begin the story of Kelefaa Saane by mentioning his ancestor.
That is Yunka Saane.
That Yunka Saane, he fathered Yirikuntu Saane.
25 Yirikuntu Saane fathered Suwaaro Saane.
That Suwaaro Saane, he fathered Nfalli Saane.
That Nfalli Saane is also known by the name Ntubang Saane.
That Ntubang, he fathered Kelefaa.
Kelefaa's story, if you hear it from any *jali*,

30   A maŋ ñiŋ fo jéé ko maalóóbaa niŋ maabajóo niŋ maasumóo;
     Ñiŋ Jaaxankóo miŋ be siiriŋ, Kasama,
     Wó ye a loŋ ne.
     Kiinarankóol ka a fo maalóóba niŋ maabajóo niŋ maasumóo.

     Kaabunkóol ko tiyadiŋóo
35   Niŋ tiyafatóo niŋ tiyakesóo.
     Niŋ ye a móy tiyadiŋóo wól lom ñancóol ti.
     Kaatu ñancóol mu sii saba le ti, Saane niŋ Maane.

     Saane dóol bi jéé ñancóol lom bari i mu ka mansayaa.

     Maane dóol bi jéé ñancóol lom bari i mu ka mansayaa.

40   Wól le ka ñiŋ Maane dóol tólóo

     Wareŋ ye ñiŋ Saane dóol tólóo.
     I ka a fo le tiyadiŋóo
     Niŋ tiyafatóo niŋ tiyakesóo.
     Kiinara ko maalóóba
45   Niŋ maabajóo niŋ maasumóo.
     Wó Kelefaa, mbi naa wó le la istuwaróo saata la.
     Balaamaŋ
     Bànnaa diŋóo Suufule Jiité
     Daraame musóo kéé.
50   Fulaŋóol dànnaa a niŋ faadiŋóol dànnaa.
     Niŋ ye a móy dunyaa la baŋóo,
     Dunyaa la baŋóo mu kende baŋóo le ti.
     Bari xani bii móo kendóol be kéeriŋ;
     Berekonkóo niŋ sutóo le be niŋ ŋanaal teema.
55   Dómbii ŋanaal ye ñóo je silinkaa kiliŋ na,
     Niŋ i tiiñanta ŋanaa yaa,
     I bi taa laa la ñoŋ ŋanaa yaa,

     Sàmba Lingééri.

     Maaróol maaróol le
60   *Dàmmaa kelóo ye maaróol baŋ*
     Wóy sansaŋóo daa la maaróol Saane
     Tenkiliŋ ŋanaa niŋ kànnii waali
     Jalóol ka kàccaa Kelefaa la kumóo la.
     Kelefaa la kumóo bituŋ siyaata baake!
65   Niŋ ye a je i ko Kelefaa ye Kelefaa,

30   He is bound to mention this: language, creature, and joy.
     This Jaahanke, Mr. Kasama, who is sitting here,
     Knows something about this.
     The people of Quinara use the words "language, creature, and joy."
     The people of Kaabu mention the small nut,
35   The nutshell and the peanut.
     When you hear the small nut, it designates the princes.
     The princes are divided into three categories, Saane and Maane.
     Some Saanes become princes, but they don't ascend to the crown.
     Some Maanes become princes, but they don't ascend to the crown.
40   These are the ones who have the privilege of confirming the other Saanes
     Or Maanes.
     That is what is designated as the small nut,
     The nutshell, and the peanut.
     The people of Quinara designate them as language,
45   Creature, and joy.
     Now I am going to start the story of Kelefaa.
     Balaamang!
     O Suufule Jiite, son of Bannaa,
     Husband of the Daraame lady.
50   Master of your peers and of your rivals.
     When you hear the end of the world,
     The end of the world means the end of good.
     But until now noble men live on the earth.
     Only the mountain and the forest separate brave warriors.
55   Otherwise they would confront each other one morning.
     If you spend the day with one warrior,
     You will spend the night with another warrior of the same caliber.
     O noble and charming prince!

     The warriors, where are the warriors?
60   *Internal conflict has exterminated the warriors,*
     O by the fence line, the Saane warriors.
     The one-palm-tree-warrior and the old brave soldiers.
     Jalóol often talk about the story of Kelefaa,
     For the story of Kelefaa exists in many versions.
65   If you see that they called him Kelefaa,

```
         Muŋ ne ye a tinna i ko Kelefaa ye Kelefaa?
         Biriŋ Kelefaa faamaa faata, al ye a móy
         Màndinkadiŋ jumaa lom waraŋ Jóólaadiŋóo
         Waraŋ Fuladiŋóo, I ko a ye Kelefaa.
70       Muŋ ne ye tóo dii Kelefaa la?
         Jinnóo le ye tóo dii Kelefaa la.
         Baawóo móol ka a fo Kelefaa mu Kiinara Jóóla le ti.
         A si ke nóo a ñaama fanaŋ,
         Kaatu diŋóo be a baa la a niŋ a faa la.
75       Dunyaa a niŋ alkiyaama.
         Ala la daaróo bii, a maŋ feŋ saba daa.
         A ye fula doroŋ ne daa: kuraŋóo niŋ kendeyaa,
         Baluuwóo niŋ saayaa, sotóo niŋ fóo,
         Suutóo niŋ tilóo, santóo a niŋ jiyóo kono,
80       Jaxannaba a niŋ arjana, musu niŋ kéé.
         Wó tumóo niŋ diŋóo be faalaa a be baalaa le.

         Bari Kelefaa mu Kaabunkóo le ti;
         A faamaa bota Payunku le.
         Muŋ ne ye a sii Kiinara?
85       Sànka Baa!
         Wó le ye Sànka Bànnaa wuluu.
         Kelefaa bariŋ nom Sànka Nànki ti,
         Muŋ keta Sànka Baa diŋóo.
         Ŋ'maŋ a fo ñiŋ Sànka Nànki labaŋóo de,
90       Kaatu Sànka ye saba le sii.
         Sànka Baa bi jéé le, Sànka Mijjaa bi jéé,
         Sànka Nànki bi jéé.
         Wó Sànka Nànki, wó niŋ Kelefaa baamaa,
         Maryaama Nànki, wól bota baa kiliŋ ne faa kiliŋ.
95       Sànka Bànnaa a niŋ Sànka Mijjaa
         Wó Sànka Nànki wó le ye Sànka Bànnaa wuluu.
         Sànka Mijjaa, Kelefaa le ye a wuluu.
         A ye a barimmaa le toolaa wó le ye.
         Ñindóo ye a faamaa toolaa,
100      Ñindóo ye a bitammaa toolaa.
         A munta niŋ ŋ'te ŋa musóo ñiniŋ Jiité bulu bii.
         A naata diŋóo soto ŋa Jiité toolaa.
         Misaal be ite Jiité ye Abulaay wuluu.
         Ite fanaŋ ye diŋóo soto ye Kééluntaŋ wuluu.
105      Ite Kééluntaŋ fanaŋ ye naa diŋóo soto,
         Ye a toolaa Bunjaay Jiité la.
```

Why indeed was Kelefaa called by that name?
When Kelefaa's father died, you have heard
A Mandinka child or a Joolaa child,
Or a Fula child call him by that name.
70 Who gave Kelefaa his name?
The jinn gave Kelefaa his name.
Since people often say that Kelefaa is a Joolaa from Quinara.
That could be too,
For a child is always born of a mother and a father.
75 There are this world and the hereafter.
God, today, has not created three things.
He has created but two: sickness and health,
Life and death, wealth and poverty,
Night and day, air and water,
80 Heaven and hell, man and woman.
Therefore the child who has a father must, indeed, have a mother.
But Kelefaa is a Kaabunka.
His father is originally from Payunku.
Why did he come to settle in Quinara?
85 Sanka the Great [is the reason].
He is the one who fathered Sanka Bannaa.
Kelefaa's uncle is called Sanka Nanki,
Who is also the son of Sanka the Great.
I am not speaking of the most recent Sanka Nanki.
90 For there are three Sankas.
There is Sanka the Great, there is Sanka Mijjaa,
And then Sanka Nanki.
That Sanka Nanki and the mother of Kelefaa,
Maryaama Nanki, are of the same mother and father.
95 Sanka Bannaa and Sanka Mijjaa.
That Sanka Nanki, he fathered Sanka Bannaa.
Sanka Mijjaa was fathered by Kelefaa.
He gave his uncle's name to his son.
This one named his son after his father.
100 That one named his son after his godfather.
Let's say I'm married to Jiite's daughter,
And she has a baby that I name Jiite.
For example, you, Jiite, have fathered Abulaay.
You, too, have a son that you name after Keeluntang.
105 You, Keeluntang, have a son,
And you name him after Boundiaye Jiite.

Wó le ye Sanka Bànnaa
Niŋ Sanka Mijjaa naati.
Mbi naa bula la Kelefaa la kuuwóol kono.

110   Balaamaŋ! Sontombure niŋ Ñaaliŋ Jeenuŋ
I ko i ye muŋ ne ye al kumbaliŋóo fiŋ sansaŋóo
    daa la
Ñayóo lom
Muŋ ne ye al ñaatinkóo buusi
Kidimunku siisiyóo
115   Saane maŋ jóótee tuŋaa kelelaa

Julu baa taa laa ŋ'te julu baa taa laa

Saate sadaa te julu baa taa laa

Yee diŋu béé te julu baa taa laa
Bulundaa jakóo te julu baa taa laa
120   *Balaamaŋ Balaamaŋ Balaamaŋ*
Sontombure niŋ Ñaaliŋ Jeenuŋ
Yaarafaŋ joŋóo ye a wuluu dulaa loŋ
Joŋóo me a faa dulaa loŋ muumeeke
Màndiŋ Jóólaa wuluuta Badóóra Birikaama
125   *A taata faa Jóókaadu Baariyaa koto*
Jaŋ niŋ Jóólaa be faa la Jóókaadu Baariyaa koto
A ye i ñuŋ kontoŋóo niŋ siimaŋóo
Wó lom munkóo niŋ kesóo ti
A taata Fulóo ñininkaa Fuuta
130   *Wó lom Fuuta Karikoŋ Bànnaa ti*
Wó le ye Séédiyànke wuluu a ye Xaadiyànke wuluu
Xaama Jalló Kankummaa Jalló jumunii xamiina
Nenne mojj baaba mojj
Bingel bonotaa
135   *A ko a ye Fulóo ŋ'naata i ñininkaa mansa jumaa*

Niŋ mansa jumaa le taata mansayaa ñiniŋ Màndiŋ

Fulóo ko a ye ŋ'te mansa Fuuta Karikoŋ Bànnaa le mu

Wó niŋ Patiŋ mansa Tafuru Tandi
A niŋ Wulli mansa Jalaa Waali
140   *A niŋ Ñaani mansa Jalaŋ Konko*
Wó niŋ Jaara mansa Jaasii Bànnaa

This is how Sanka Bannaa
And Sanka Mijjaa came about.
I am now going to enter into the story of Kelefaa.

110   Balaamang! Sontombure and Ñaaling Jeenung.
    They were asked: "What blackened your kneecaps by
        the fence line?"
    "It was by kneeling."
    "What burned your eyelashes?"
    "The gunpowder."
115   The Saanes are not cowards; they fight in foreign lands.

    [I won't] sing the great tune, I won't sing the great
        tune.
    The miserable man of the town won't sing the great
        tune.
    The kids will not sing the great tune.
    The low achiever will not sing the great tune.
120   *Balaamang, Balaamang, Balaamang.*
    Sontombure and Ñaaling Jeenung.
    It is true that man knows his birthplace,
    But he doesn't know his death place at all.
    The Manding Joolaa was born in Badoora Birikaama
125   *And later died in Jookaadu south of Baariyaa.*
    Before the Joolaa died in Jookaadu south of Baariyaa,
    He picked up his lunch and dinner.
    That is the gunpowder and the bullet.
    He went to inquire before the Fula in Fuuta.
130   *His name is Karikong Bannaa of Fuuta.*
    He was the father of Seediyanke and Haadiyanke,
    Haamaa Jallo, Kankummaa Jallo, Jumunii Hamiina.
    When the mother is gracious and the father is gracious,
    Their child cannot be evil. [Fula translation]
135   *He said to him: "Dear Fula, I came to ask you*
        which king
    And which other king went to seek kingship in
        Manding?"
    The Fula told him: "It was me, Karikong Bannaa,
        king of Fuuta,
    "And Tafuru Tandi, king of Pating,
    "And Jalaa Waali, king of Wulli,
140   *"And Jalang Konko, king of Ñaani,*
    "And Jaasee Bannaa, king of Jaara,

Wó niŋ Badibu mansa Sankalaŋ Maroŋ
A niŋ Kiyaŋ mansa Jifaaroŋ Koto
Wó niŋ Ñóómi mansa Sanakéé Jémmé
145 *Wó niŋ Saalum Mansa Jiléy Njaay*
Taara Njaay Baaxa Njaay Kulura Njaay ŋanaa
Niŋ Baaxuma Njaay Duudu Njaay diŋóo Faatuma
Njàay
Surunkunnóo niŋ Suruwaa maŋ muluŋ
Waaw kanfoolaa niŋ Suruwaal janfata ñóo la
150 *Surubusarabóo be Suwuraal toora la*
Fulóo ko a ye ŋ'tel le taata mansayaa ñiniŋ Màndiŋ

Ala laa fisaa way yee Ala laa fisaa
Fandaa mansa Ala laa fisaa
Yee mbe ye a fo Ala laa fisaa
155 *Fandaa mansa Ala laa fisaa*
Kelefaa faamaa, Ntubaŋ Saane,
Taata barinkoto siyóo la Sànka Baa yaa.
A be wó barinkoto siyóo la,
I naata Maryaama Nànki cika, ye a dii a la.
160 Musu fula le be Kelefaa faamaa bulu.
Bari Ala maŋ Maryaama xarje diŋóo la.
Niŋ ye a je i ko i ye maaróo,
Muŋ ne ye a tinna i ko i ye maaróo?
Bantaŋóo be Badóóra Birikaama,
165 I ka a fo jéé Maaribantaŋ.
Niŋ muŋ mansayaata,
A ka tiiñaŋ wó bantaŋóo le koto.
Wó le a tinna i ka a fo ñancóol ye maaróo,
Saane Balaamaŋóol ye maaróo.
170 Wó bantaŋóo koto, niŋ i be tiiñandiŋ jéé,
I be dolo miŋóo la, kàccaa be kuma la,
Keñefaylaal si keñóo fay,
Kuuruŋfaylaal ye kuuruŋóo fay.
Ye jalaŋóol ñininkaa:
175 Bari i ka muŋ ne fo Nfàlli Saane ye,
Muŋ keta Ntubaŋ Saane ti?
Kaatu, niŋ ye a je i ko a ye Ntubaŋ,
Kuu le ye a tinna i ko a ye Ntubaŋ.
A mumuŋ, niŋ ye a je i ko a ye Yunka,
180 Kuu le ye a tinna i ko a ye Yunka.
Niŋ ye a je i ko wó fanaŋ diŋóo ye Yirikuntu Saane,
Kuu le ye a tinna i ko a ye Yirikuntu Saane.
Wó fanaŋ diŋóo niŋ ye a je i ko a ye Suwaaró Saane,

>   *"And Sankalang Marong, king of Badibu,*
>   *"And Jifaarong Koto, king of Kiyang,*
>   *"And Sanakee Jemme, king of Ñoomi,*
> 145   *"And Jiley Njaay, king of Saalum,*
>   *"Taara Njaay, Baaha Njaay, Kulura Njaay the brave,*
>   *"And Baahuma Njaay, Duudu Njaay the son of*
>   *Faatuma Njaay."*
>   *The tumbler is not synonymous to the Wolof.*
>   *The waaw-sayer is far from being a Wolof.*
> 150   *Mixture is hurting the Wolof.*
>   *The Fula told him: "We all went to seek kingship in*
>   *Manding."*
>   *The Lord is most merciful; yea the Lord is most merciful.*
>   *The Lord who created Himself is most merciful.*
>   *Let us all say the Lord is most merciful.*
> 155   *The Lord who created Himself is most merciful.*

The father of Kelefaa Saane, Ntubang Saane,
Went to stay with his uncle, Sanka the Great.
Some time after he had settled in his uncle's house,
They picked Maryaama Nanki and gave him her hand.
160 Kelefaa's father had two wives.
But God had not given Maryaama the chance to procreate.
If you see they call them warriors,
Why do they call them warriors?
There is a cotton tree in Badoora Birikaama
165 That was called Maaribantang.
When someone sits on the throne,
He would spend the day under that cotton tree.
That's why they call the princes warriors;
The Saane Balaamang, warriors.
170 When they are spending the day under the cotton tree,
Talking and drinking wine,
Some soothsayers set to drawing lines in the sand,
Others to throwing their cowry shells.
They ask the genies:
175 "But what are you telling Nfalli Saane,
"Who is also called Ntubang Saane?"
Because if you hear people call him Ntubang,
There is a reason he was named Ntubang.
If you hear people call his grandfather Yunka,
180 There is a reason he was named Yunka.
If you hear people call his son Yirikuntu Saane,
There is a reason he was named Yirikuntu Saane.
If you hear people call his son Suwaaro Saane,

        Kuu le ye a tinna i ko a ye Suwaaró Saane.
185   Wó fanaŋ diŋóo niŋ ye a je i ko a ye Ntubaŋ,
        Kuu le ye a tinna i ko a ye Ntubaŋ.
        Kelefaa mumuŋ Yunka Saane lom.
        A ko ate tóo mu yunkóo le ti.
        Yunkóo, niŋ i dunta jéé, i si jatóo tara jéé.
190   A si'i muta, a ye i kaŋóo kata, a ye i faa.
        I si solóo tara jéé,
        A ye i faa.
        Wareŋ ye saa tara jéé, a ye i kiŋ, a ye i faa.

        A ko ate mu sutóo le ti;
195   Niŋ i dunta a kono, i ñimmaa mu ka bó a koto.
        Wó le a tinna ye a tóólaa i ko a ye Yunka Saane.
        Wó Yunka fanaŋ diŋóo, i ko a ye Yirikuntu Saane.
        A ko ate mu yirikuntóo le ti.
        Niŋ i takkita a la tana,
200   Niŋ a takkita i la i ŋóóriŋóo si bó.
        Wó fanaŋ dimmaa, wó lom Suwaaró Saane ti.
        Niŋ ye a je i ko a ye Suwaaró Saane,
        Biriŋ a ye móóyaa kamalii, a be kelóo kono,
        A nenemaŋ sele suu fiŋ kaŋ,
205   A mu ka sele suu koy kaŋ,
        A mu ka sele suu wuleŋ kaŋ,
        Suu waaree a ka sele wó le kaŋ.
        I ko,
        Wó suu waaree fééjéé móo kuruŋ baa!
210   I ka a fo a ye Suwaaró Saane.
        Wó Suwaaró Saane wó le ye Nfàlli Saane wuluu,
        Wó Nfàlli fanaŋ, Kelefaa faamaa,
        Niŋ ye a je i ko a ye Ntubaŋ,
        Niŋ ye a tara kele dulaa,
215   Niŋ a bi naa i faa,
        A be i balóo béé sóo la sakalaŋóo la.
        I ko a ye,
        Ntu! ntu Nfàlli! ntu!
        I ko a ye Ntu baŋ!
220   Wó le ye Kelefaa Saane wuluu.
        Jalantiyóol niŋ kuuruŋfaylaal niŋ keñeboylaal,
        I si ñiŋ fo Nfàlli ye, ko,
        I be diŋóo soto la.
        Bari wó diŋóo, niŋ a wuluuta,
225   A la kulliyóo te i tara la i niŋ i niyóo la dunyaa.
        Nfàlli ke i jaabi muŋ ne la?

	There is a reason he was named Suwaaro Saane.
185	If you hear people also call his son Ntubang,
	There is a reason he was named Ntubang.
	Kelefaa's great-grandfather was Yunka Saane.
	He said that his name signifies the wooded savannah.
	If you enter this savannah, you can encounter a lion
190	That is going to catch you, break your neck, and kill you.
	You can encounter a panther in there
	That is going to end your life,
	Or you can find a snake in there that is going to give you a fatal bite.
	He said that he was the dense forest.
195	When you get into him, you cannot leave easily.
	That is why he was nicknamed Yunka Saane.
	Yunka's son, too, was nicknamed Yirikuntu Saane.
	He said that he is a tree stump.
	It is so much the better if you strike him.
200	But if he hits you, you will suffer from a loss of fingernails.
	The son of the latter was called Suwaaro Saane.
	If you hear people nickname him Suwaaro Saane,
	When he reached maturity, and was waging war,
	He would never ride on a black horse.
205	Neither would he ride on a white horse.
	Neither would he ride on a red horse.
	He would only ride on a spotted horse.
	And they would say:
	"That man on the spotted horse is very malicious."
210	He was nicknamed Suwaaro Saane.
	It is Suwaaro Saane who fathered Nfalli Saane.
	That Nfalli also, Kelefaa's father,
	If you hear people call him Ntubang,
	When he is on the battlefield,
215	When he is about to kill you,
	He will stab you all the way through your body with his sword.
	And they would cry:
	"Leave me, leave me, Nfalli."
	They called him: "Leave me alone for God's sake."
220	It is he who fathered Kelefaa Saane.
	The three soothsayers
	Would say this to Nfalli:
	"You will have a child.
	"But after the birth of this child,
225	"You will die before the day of his naming ceremony."
	And how did Nfalli respond to them?

A ko i ye niŋ wó dàmmaŋóo lom,
Xani niŋ a wuluuta luŋ miŋ na,
Wó soomóo ŋa faa wó se diyaa ŋ'ñe.
230   I be wó le kono sànji jamaa.
Maryaama naata konóo taa.
Maryaama Nànki muŋ keta Kelefaa baamaa ti.
Wó le niŋ Sànka Nànki bota baa kiliŋ faa kiliŋ.

Balaamaŋ! Tenkiliŋ ŋanaa niŋ kànnii waali

235   Niŋ wuluuñaa mu peesee taa ti,
Dóol taa si falidunóo sii,

Dóol taa te tiyafatóo faa la,
Kaatu kaatóo béé te kaati la.
Dónniŋ siiséé la kili taŋ si faani julóo jóo.

240   I ko, niŋ ye a móy ñantuma njaari,
I nene maŋ muŋ domo lomu.
Niŋ ye a móy dunyaa la baŋóo,
Dunyaa la baŋóo mu kende baŋóo le ti.
Kebe Jakaraasi Jiité Bànnaa
245   Bànnaa diŋóo Suufule Jiité
Yoobaa! Kalil raxmaan
Solóo be lawal zànnaa
Solóo be xaasal kuryaan
Furéé saba le bi jaŋ.
250   Ñiŋ béé be kende kaŋóo fo la.
Mbiraŋóo mu furéé le ti, kulóo furéé,
Kolomóo furéé.
Ñiŋ furéé sabóo béé be kende kaŋóo fo la.
Bari ninsi kulóo ka muŋ fo ñiŋ dulaa to,
255   Niŋ a tara a lóóriŋóo a ka wó le fo,
Buusee béé te a faa la.
Jalóol baabandiŋ, jalóol kuntó sumundiŋóo
Dóol ka mbiraŋóo tiñaa musóol ye

Futuu yeerankóo le la.
260   Wól ka wó sele muŋ ne kaŋ ma?
A siiséé kuŋ ñimóo.

Ala laa fisaa woy yee Ala laa
Fandaa mansa Ala laa fisaa
Yee mbe ya fo Ala laa fisaa
265   *Fandaa mansa Ala laa fisaa*

He would say to them: "If that is the case,
"Even if, the day after his birth,
"I died, it would bring me great pleasure."
230　They repeated themselves throughout the years.
One day Maryaama became pregnant.
Maryaama Nanki, who is the mother of Kelefaa.
She and Sanka Nanki have the same father and mother.

　　　Balaamang! The one-palm-tree-warrior and the old
　　　　　brave soldiers.
235　If the value of birth was measured in weight,
　　　There are some whose weight would be equivalent to
　　　　　the donkey's load,
　　　Whereas the weight of others would not fill a nutshell,
　　　For, despite their efforts, they would be no match,
　　　If not one would compare the value of a sarong to
　　　　　ten eggs.
240　When you hear: "This is a first,"
　　　That is something you've not yet eaten.
　　　What does the end of the world mean?
　　　The end of the world means the end of the good.
　　　Kebe Jakaraasi, Jiite Bannaa
245　The son of Bannaa, Suufule Jiite.
　　　Yoobaa! Kalil Rahmaan!
　　　Solo is mentioned in "Lawal zannaa."
　　　Solo is mentioned in "Haasal kuryaan."
　　　There are three dead elements here.
250　They all produce pleasant tunes.
　　　The calabash is a dead body, the hide, a dead body,
　　　The wood, a dead body.
　　　All three of these bodies produce pleasant tunes.
　　　But that which the cowhide says at this moment—
255　If alive it had been saying the same thing,
　　　The butchers would not have sacrificed it.
　　　O godfather of the *jalóol*, mountain peak of the *jalóol*!
　　　There are some among *jalóol* who make bad use of
　　　　　calabashes,
　　　When women could have used them to make couscous.
260　For what reason do they wrap them in a hide?
　　　Only for eating chicken heads.

　　　The Lord is most merciful; yea the Lord is most merciful.
　　　The Lord who created Himself is most merciful.
　　　Let us all say the Lord is most merciful.
265　*The Lord who created Himself is most merciful.*

Biriŋ Maryaama ye konóo taa,
Fo Ala ye a ke a wuluu waatóo siita.
Luŋ kiliŋ, i be siiriŋ Maaribantaŋ,
I be dolo miŋóo la, kàccaa be kuma la,
270 Kiilaa naata bó naŋ suuwóo kono.
A naata.
Wó tumóo Sànka Baa faata le.
Sànka Nànki, wó le siita mansayaa la.
Kelefaa faamaa maŋ ke mansa ti;
275 Jawaróo lom.
Kaabu bànkóo kaŋ, niŋ i maŋ mansayaa,
I tóo le ka bó
Bari i mu ka sii mansa ti.
Kiilaa naata, a ye a dàntee Nfàlli Saane ye,
280 Muŋ keta Kelefaa faamaa, Ntubaŋ Saane.
A ko a ye, ŋ'ko ŋ'si naa fo ye
I la musóo wuluuta.
A ko a ye, ŋ'na musu jumaa?
A ko a ye, Maryaama Nànki.
285 A ko a ye, a ye muŋ ne soto?
A ko a ye diŋ kéé.
Keñebóylaa ye keñóo bóy,
A ko a ye Ntubaŋ!
A ko a ye naamu!
290 A ko a ye, ŋ'ka diŋóo muŋ kibaar ye,
Wó le naata teŋ.
Kuuruŋfaylaa ye kuuruŋóo fay.
A ko a ye Ntubaŋ!
A ko a ye, ŋ'ka diŋóo muŋ kibaar ye,
295 Wó le naata teŋ.
Sulubulalaa ye sulóo bula.
Wó fanaŋ ye kuma kiliŋ fo a ye.
A taata, a ye jalaŋóo ñininkaa.
Jalaŋóo ye kuma kiliŋóo fo a ye.
300 A ko Sànka Nànki ye,
Mbi taa suuwóo kono.
Mbi taa deenaanóo juubéé la.
A taata deenaanóo juubéé, a muruuta naŋ.
Wó kuuruŋfaylaal
305 Niŋ keñebóylaal
Niŋ sulubulalaal niŋ jalaŋóol,
I ko a ye,
Bari ñiŋ na kulliyóo te i tara la i niŋ i niyóo la.

Maryaama was in the state of pregnancy,
Until God granted the day for her delivery.
One day, they were gathered at Maaribantang
Drinking their wine and talking endlessly.
270 The people of the house dispatched a messenger there.
He arrived.
At that time Sanka the Great was no more.
Sanka Nanki was the reigning king.
The father of Kelefaa was not a king;
275 He was a soldier.
In the territory of Kaabu, if one did not become king,
He would be honored by his family name,
But he would not hold the ruling power.
The messenger came and delivered the message to Nfalli Saane,
280 Who is Kelefaa Saane's father, also called Ntubang Saane.
He said to him: "I come to announce to you
"That your wife has given birth to a child."
He asked him: "Of which woman do you speak?"
He responded: "Of Maryaama Nanki."
285 He asked him: "What did she have?"
He responded: "A baby boy."
The soothsayer deciphered the signs in the sand
And said to him: "Ntubang!"
He responded: "Yes!"
290 He said to him: "It's the child about whom I was talking to you
"Who has come into the world."
The other soothsayer threw his cowries
And said to him: "Ntubang!
"It's the child about whom I was talking to you
295 "Who has come into the world."
The third soothsayer soaked his plants in the water
And said the same words to him.
He went to inquire before the genie,
And the genie confided the same words to him.
300 He said to Sanka:
"I am returning to the house.
"I am going to see the baby."
He went to see the baby; he went back.
The fortune-tellers who decipher cowries,
305 Those who read in the sand,
Those who soak plants in water, and the genies,
They said to him:
"The naming ceremony of this child will not find you alive."

A ko i ye, niŋ wó dàmmaa loŋ,
310 Xani saama ŋa faa wó diyaata ŋ'ñe.
Biriŋ a naata, a ko Sànka!
A ko a ye naamu!
A ko a ye, ŋ'na kabanka kaniŋ labaŋóo mu ñinaŋ ne ti.
Fo ye kabankóo loŋ ne baŋ?
315 Wó tumóo, naamóo, itel ka a fo a ye le ko kabankóo,
Bari kódi nteŋ de!
Kóóréé wóo kóóréé i be seletuura mendiŋóo le bóndi la jéé,
Waraŋ séénéé, waraŋ mbóréyé.
Wó lom mansa la naamóo ti;
320 I ka a fo a ye kabankóo.
A ko Sànka ye, mbi taa kabanka kaniŋóo la.
Kelefaa wuluuta arjuma luŋóo salifanaa la.
Sibiti luŋóo, Ntubaŋ, muŋ keta Kelefaa faamaa ti,
Taata kabanka kaniŋóo la Badóóra bànkóo kaŋ.

325 Dimaasóo wuraaróo, a muruuta naŋ.
A ye kabankóo béé kaniŋ.
A ye a samba naŋ, a dunta bunkono.
Teneŋ luŋóo somondaa, ye Ntubaŋ furéé bóndi;
I ko deenaanóo wuluuta tili fula,
330 Sabanjaŋóo, a faamaa faata.
I ko wó tumóo ñiŋ deenaanóo
Mbe a tóólaa la a faamaa la, Ntubaŋ Saane.
Tilóo sabanjaŋóo, jinnóo naata.
A dunta a baamaa kaŋ bunkono,
335 Muŋ keta Maryaama Nànki.
A ko a ye, Maryaama Nànki, Maryaama Nànki!
A ko a ye, i la ñiŋ diŋóo muŋ ye a wuluu teŋ,
I kana a fo a ye Ntubaŋ, i kana a fo a ye Nfàlli,
I si a fo ñiŋ ye Kelefaa Saane.
340 A ko a ye, [bari] i bi naa daafeŋ jamaa le je la ñiŋ bala jaŋ.
Bari niŋ ye feŋ óo feŋ je,
I si'i déé, i si ŋ'na kullóo mara.
I kana a fo móo ye.
Daafeŋ jamaa bi naa la
345 Ñiŋ faamaa la saŋóo kontoŋ na a la jaŋ.
A ko a ye, bari teneŋóo niŋ arjumóo
Ñiŋ deenaanóo bu ka fili la i ma de!
I te a je la fo subaa,
Bari i kana a ñiniŋ aduŋ i kana a fo móo ye!

	He replied to them: "If that is the case,
310	"Even if I die tomorrow, that will bring me great pleasure."
	When he arrived, he said: "Sanka!"
	He replied to him: "Yes!"
	He said to him: "I will make my last collection of tribute this year."
	Do you know the meaning of *kabankóo*?
315	In the past, they called tribute "*kabankóo*,"
	But it was not money.
	In each corral, one would choose a stud bull,
	Or a castrated steer or a cow.
	This is what represented the king's tax
320	And what we called *kabankóo*.
	He said to Sanka: "I must leave to collect the tribute."
	Kelefaa was born on a Friday in the afternoon.
	The day after his birth, Ntubang, the father of Kelefaa,
	Left to collect the tribute throughout the entire kingdom of Badoora.
325	He returned on Sunday toward the evening.
	After having collected all the tribute,
	He brought it back and went into his room.
	Monday morning, they removed the body of Ntubang.
	They said: "The child has been born for three days
330	"And his father came to die.
	"So, they added, this baby,
	"We are going to name him after Ntubang Saane."
	The third day, the jinn made his appearance.
	He entered the room of his mother,
335	Who is Maryaama Nanki.
	He called out to her: "Maryaama Nanki, Maryaama Nanki!
	"That child to whom you gave birth,
	"You must not name him after Ntubang, nor Nfalli.
	"You must call him Kelefaa Saane."
340	He said to her: "You are going to see many animals near him.
	"But no matter what you see,
	"Say nothing; keep our secret.
	"Don't talk about it to anyone.
	"Many of these animals will come
345	"To offer their condolences for the death of his father."
	He said to her: "Thursday and Friday,
	"This child will go away from you.
	"You will not see him again except in the morning.
	"But do not try to find him and do not talk about it to anyone, either.

350   I si ŋ'na kullóo mara!
        Jinnóo yeemanta.
        Wó lom deenaanóo suuta naaninjaŋóo ti.
        Suutóo luulunjaŋóo jinnóo muruuta naŋ.
        A ko a ye, Maryaama Nànki!
355   Ŋ'ko i ye i la ñiŋ diŋóo tóo mu Kelefaa le ti.
        Ñiŋ nom Badóóra julujóólaa ti.
        Wó le a tinna i ka a fo Badóóra Jóólaa Kelefaa.
        Jinnóo ko a ye ñiŋ nom Badóóra julujóólaa ti.
        I si a fo a ye Kelefaa,
360   Bari Badóóra julujóólaa mu ñiŋ ne ti.
        Wó le a tinna jalóol ka a fo Badóóra Jóólaa Kelefaa.
        Ye a sutuyandi.
        Baawóo Màndinka kaŋóo, kuma wóo kuma,
        Niŋ ite ye a korosi kotóo le be a la.
365   Jinnóo la naa fulanjaŋóo a ko a ye ko,
        Ñiŋ nom Badóóra julujóólaa ti.
        I kana a fo a ye Ntubaŋ, i kana a fo a ye Nfàlli;
        A tóo mu Kelefaa Saane le ti.
        Fanóo keta,
370   Maryaama taata a baarinkééma Sànka kaŋ.
        A ko a ye, ŋ'na ñiŋ diŋóo,
        Ŋ'siibóóta daafeŋóo naata a lóóta ŋ'kuntó.
        A ko a tóo mu Kelefa le ti.
        A ko a ye, ŋ'te a tóólaa la móo kotenna;
375   Mbe a tóólaa la Nfàlli le la.
        Nfàlli ñóo kéé kendóo bota kaabiilóo muntóo,
        A ye diŋóo muŋ wuluu,
        A ye wo wuluu tili fula,
        Sabanjaŋóo ate faata,
380   A ko a ye, ŋ'ko, wó le a tinna ŋ'te a tóólaa la móo la.

        Maryaama Nànki muruuta.

        Maaróo baŋ nee maaróo laa,
        Ŋ'dàmmaŋ kelóo ye maaróol baŋ nee,
        Woy yee Badóóra maaróol baŋ nee
385   *Sansaŋóo daa la maaróo Saane.*
        Bànnaa diŋóo Suufule Jiité
        Bunjaay Jiité i niŋ sumuŋ
        Niŋ xeraasiyaa maŋ jamaa.
        Ali woyaŋ ali woyaŋ ŋ'jaatimaa
390   *Ali woyaŋ njaatimaa*

| 350 | "Keep our secret."
| | The jinn disappeared.
| | That was the fourth day since the baby's birth.
| | The jinn returned the fifth day.
| | He said to her: "Maryaama Nanki!
| 355 | "I repeat that the name of your son is Kelefaa.
| | "It is he who will relieve Badoora of its debts."
| | That is why they say Kelefaa the paymaster of Badoora.
| | The jinn said to her: "This child will relieve Badoora of its debts.
| | "They can call him Kelefaa,
| 360 | "But he is the treasurer–paymaster general of Badoora."
| | That's why the *jalóol* call him Kelefaa the paymaster of Badoora.
| | They shortened the expression.
| | Because in Mandinka, each word
| | Contains a profound meaning if you study it closely.
| 365 | The jinn said to her during his second visit:
| | "This is the treasurer–paymaster general of Badoora.
| | "Do not name him after Ntubang, nor Nfalli;
| | "His true name is Kelefaa Saane."
| | The following morning,
| 370 | Maryaama appeared before her brother Sanka.
| | She said to him: "This child of mine,
| | "I dreamed of an animal that took me by my sides,
| | "And told me that his name is Kelefaa."
| | He replied to her: "I will not name him after another person.
| 375 | "I will name him after Nfalli.
| | "Noble men like Nfalli belong to a great lineage.
| | "The child he fathered,
| | "He saw him for only two days
| | "And died the third day."
| 380 | He said to her: "That is why I am not going to give him a different name."
| | Maryaama Nanki went back home.

The warriors have all disappeared.
Internal conflict has exterminated the warriors.
The warriors of Badoora have disappeared.
385 *O by the fence line, the Saane warriors.*
Suufule Jiite the son of Bannaa,
Boundiaye Jiite, you are a sociable man.
You are, at the same time, a peaceful man.
I say good-bye to my hosts,
390 *I say good-bye to my hosts*

Luŋ béé maŋ kaŋ.
Fula mansa Kaluu niŋ Baakaa Maamuudu.
Duntuŋóo ko wanjabir wanjabaar.
Joŋóo béé niŋ a yerekaŋ
395 *Kuma béé niŋ a fo luŋ.*
Musu béé niŋ a kéémaa
Jali béé niŋ a batufaa lom.
Yaarafaŋ diŋóo béé te baaba jóósey la.
Al salóo laa baa la bàmbóo silaññaa.
400 *Al kuluŋóo bula baa la bàmbóo silaññaa le mu.*
Jaŋ diinonta bàmbóo silaññaa.
Ñarakóo kaŋ niŋ banta laa la.
Kunseŋ kunna jii duurindi.
Bàmbóo seletóo santo potóo selendi,
405 *A jiitóo duuma jamba jaara jindi.*
Ŋ'te maŋ xaañi bàmbóo ñaa.
Kebe Jakaraasi i niŋ sumuŋ
Niŋ xerasiyaa maŋ jamaa.
Ala maa niŋ i la kuuwóol saabi
410 *A fo amiin yaarabbi.*
Suu ka dii kéébaadóo la
Wula maŋ dii i la.
Wula ka dii kéébaadóo la
Suu maŋ dii i la.
415 *A diyaata i baa la a diyaata i faa la,*
A maŋ kuyaa i faŋóo la muumeeke.
Saaliyaa Wande Buyalaa Saaliyaa.
Yoobaa!
Al maŋ a je kóóruŋ batóo
420 *Be kuma la Ndambummaa,*
Saaliyaa jula ye a laa.
Yaarafaŋ lóólaa béé mu laalaa ti.
I tooñaa la.
Jiité Bànnaa.
425 Wó ñaa lomu jinnóo muruuta naŋ koteke.
Biriŋ a muruuta naŋ a keta naŋ muŋ ne ti?
Maryaama Nànki funtita jonkoŋóo la.
Jàŋ niŋ a ka muruu naŋ bunkono,
A deenaanóo be laariŋ daamiŋ,
430 A naata saa baa tara jurmeriŋ Kelefaa fééjéé laaraŋóo to.
A silanta saa la. A lafita wuur la.
Saa ko a ye Maryaama Nànki! Maryaama Nànki!
A ko a ye, i kana silaŋ!

Because not all days are the same.
The Fula king Kalu and Baaka Maamuudu.
The hen sings: "Wanjabir wanjabaar."
Each man with the way he appears,
395 *Each statement has its day,*
Each woman with her husband,
Each jali with his patron.
We know that all children cannot replace their father.
We build bridges over the water for fear of the
         crocodile.
400 *We put a boat in the water for fear of the crocodile.*
It is deep in here is fear of the crocodile.
Hiding in the mangrove and lying on the sand
Splashing its head on the water to make it muddy.
The crocodile crawls up the shore with mud.
405 *He goes into the water with leaves.*
I fear the crocodile.
Kebe Jakaraasi, you are a sociable man.
You are, at the same time, a peaceful man.
May your wishes be granted.
410 *Say Amen, praised be the Lord!*
There are men who like to stay at home;
They don't like to travel abroad.
There are men who like to travel abroad;
They don't like to stay at home.
415 *Your mother likes it, your father likes it.*
You don't dislike it either.
Saaliyaa, Wande Buyala of Saaliyaa.
Yoobaa!
Didn't you hear the sound of the royal drum
420 *Addressing Ndambummaa?*
The tradesman of Saaliyaa passed away.
It is true that all living creatures are mortals.
True!
Jiite Bannaa
425 Later, the jinn appeared again.
How did he appear on his return?
Maryaama Nanki came out of the bath.
When she entered the room
In which her baby was sleeping,
430 She saw a large snake coiled up on the bed, near Kelefaa.
She got scared by the snake and wanted to cry out.
And the snake said to her: "Maryaama Nanki! Maryaama Nanki!
"Don't be afraid.

24 / THE EPIC

Fo daafeŋóo maŋ a fo i ye ko
435 Daafeŋ jamaa le bi naa Kelefaa
Kontoŋ na a faamaa la saŋóo la?
Ŋ'te lom ñancóo la jalansaa ti,
Bari ŋ'tel bota Kóóséé le.
Kóóséé le ye Badóóra lóo.
440 Ŋ'naata Kelefaa kontoŋ a faamaa la saŋóo la.
Bari niŋ ye muŋ je Kelefaa bala i si'i déé!
I kana a fo móo ye,
Bari teneŋóo niŋ arjumóo
Ñiŋ Kelefaa bu ka fili la i ma de,
445 Ite a je la fo subaa.
Saa yeemanta.
I bi jéé, jinnóo muruuta naŋ koteke.
A mummaa le naata wó tumóo?
A ñankonkommaa naata.
450 A be taama la Kelefaa kaŋ,
A be a newóo bóndi la, a be a newuŋ na.
Maryaama funtita naŋ jonkoŋóo la,
A lóóta, a ko é! ŋ'te Maryaama Nànki,

Ŋ'te muŋ nene maŋ diŋ soto fo ñiŋ diŋ kiliŋóo,
455 Ŋ'ka naa dunyaa daafeŋóo béé je
Ñiŋ Kelefaa bala jaŋ.
Ñankonkoŋóo ko a ye,
Maryaama Nànki! Maryaama Nànki!
Fo daafeŋóo maŋ ñiŋ yitandi ite la, ko,
460 I be feŋ jamaa le je la Kelefaa bala jaŋ?
Ŋ'tel bota Kóóséé le.
Kóóséé le ye Badóóra lóo.
Ŋ'naata Kelefaa kontoŋ a faamaa la saŋóo la.
A ko a ye, bari mbe kuma dantaŋ ne fo la i ye.
465 A ko a ye, ŋ'te ñankonkoŋ,
Ŋ'ka kalaŋ siiñaa woorowula.
A ko a ye, i la ñiŋ diŋóo, niŋ Ala ye a baluu, a baluuta,
Koliyaa ye a tara daa wóo daa,
A si yelema siiñaa woorowula.
470 Ŋ'si wó fo ye i si'i xakkilóo tu jéé.
Bari i be daafeŋ jamaa le je la Kelefaa bala jaŋ.
A ko a ye bari a tóo mu Kelefaa le ti.
Maryaama muruuta, a ye a fo a baarinkéémaa.
A ko a ye ko, ŋ'siibóóta daafeŋóo ko
475 A tóo mu Kelefaa le ti.
Sànka ko a ye, ŋ'ko Nfàlli koolaa

	"Didn't the animal already warn you
435	"That many beasts would come to offer Kelefaa
	"Mourning for the death of his father?
	"I am the snake protector of the prince,
	"But we all come from Koose,
	"And Koose founded the kingdom of Badoora.
440	"I came to offer Kelefaa mourning for the death of his father.
	"But if you see something near Kelefaa, keep silent.
	"Do not talk about it to anyone.
	"But Thursday and Friday,
	"This child will leave you.
445	"You will not see him again until the following morning."
	The snake disappeared.
	Some time after, the jinn appeared again.
	In what form did he present himself?
	He appeared in the form of a chameleon.
450	He walked on Kelefaa
	He showed his tongue and licked him.
	Maryaama came out of the bath.
	She was standing there. She exclaimed: "Good God! I, Maryaama Nanki,
	"I never had a child except for this one.
455	"And now I see all the creatures of the world
	"Appearing here near Kelefaa."
	The chameleon called out to her:
	"Maryaama Nanki! Maryaama Nanki!
	"Didn't the animal already warn you,
460	"That you would see many things around Kelefaa?
	"We come from Koose,
	"And Koose founded the kingdom of Badoora.
	"I came to offer Kelefaa mourning for the death of his father."
	He said to her: "But I am going to confide to you a few words."
465	He said to her: "I, the chameleon,
	"Change color seven times."
	He added: "This child of yours, if God helps him survive,
	"Every time he is confronted with difficulties,
	"He will have the power to change seven times.
470	"I am telling you so that you may remember.
	"But you will see many beasts around Kelefaa."
	He said to her: "But his true name is Kelefaa."
	Maryaama left again to report the matter to her older brother.
	She said to him: "I dreamed of an animal saying that
475	"His name is Kelefaa."
	Sanka replied to her: "I said, except for Nfalli,

Ŋ'te a tóólaa la móo la.
A la jééri labaŋóo keta muŋ ne ti?
Maryaama funtita koteke.
480　Wó saamóo le ñanta ke la kulliyóo ti.
Maryaama funtita jonkoŋóo la.
Jaŋ niŋ a be a muruu la naŋ,
A ye kuutóo tara Kelefaa fééjéé laaraŋóo to.
E! A ko, ŋ'te Maryaama Nànki, ŋ'te montaŋ,
485　Ŋ'ko feŋ óo feŋ ka naa ŋ'fééjéé ŋ'diŋóo bala jaŋ.
Kuutóo fanaŋ ye a kili.
A ko a ye Maryaama Nànki, Maryaama Nànki!
A ko a ye, ŋ'naata Kelefaa kontoŋ a faamaa la saŋóo la.
A ko a ye, ŋ'tel bota naŋ Kóóséé le.
490　Kóóséé le ye Badóóra lóo.
A ko a ye, bari ŋ'te kuutóo,
Mbe jiyóo kono, mbe sànto.
A ko a ye, luŋ be sii la,
I diŋóo jiyóo kono niŋ sàntóo béé
495　Si kaañaŋ a ye.
Wó saamóo lom kulliyóo ñanta ke la.
A taata a ye wó kumóo fo a baarinkéémaa ye.
Sànka Nànki ko a ye,
Ŋ'ko i ye mbe a tóólaa la Nfàlli la.
500　A ko a ye, ŋ'maŋ a fo
Ite te i diŋóo tóólaa la Nfàlli,
Bari ŋ'te ŋa diŋ muŋ wuluu
Mbe wó tóólaa la Kelefaa le la.
A ye a tara jinnóo niŋ Maryaama ka feŋ óo feŋ fo,
505　Sànka Nànki ye wó béé kalamuta le.
Fanóo keta, Kelefaa faalaa móol naata.
Biriŋ i futata, i béé siita.
Waatóo siita témbóo miŋ na,
I ko Sànka!
510　A ko i ye naamu!
I ko a ye, saayiŋ deenaanóo duŋ
Mbe a tóólaa la jumaa le la?
A ko i ye ŋ'na ñiŋ mbarindiŋ kiliŋóo,
Maryaama Nànki nenemaŋ diŋ soto
515　Fo ñiŋ diŋ kiliŋóo,
A ko i ye mbe a tóólaa la Kelefaa la.

Naamusóo maŋ xaañi i ñaa
Woy yee musóo miŋ ye Kelefaa faa
Naamusóo maŋ xaañi i ñaa

"I will not call him by another name."
And what was her last vision?
Maryaama went out again.
480 The naming ceremony was to take place the next day.
Maryaama came out of the bath.
As soon as she entered the room,
She found a monitor lizard on the bed, next to Kelefaa.
She expressed her surprise: "I, Maryaama, am miserable.
485 "I see that all these things are appearing before my son."
The monitor lizard called out to her, too.
He said to her: "Maryaama Nanki, Maryaama Nanki!
"I came to offer Kelefaa mourning for the death of his father."
He said to her: "We all come from Koose,
490 "And Koose founded the kingdom of Badoora."
He said to her: "I, the monitor lizard,
"Live in the water and on land."
He said to her: "A day will come,
"Your son, the waters and the earth
495 "Will be of the same nature to him."
The naming ceremony was to take place the next day.
She went to bring those words to her older brother.
Sanka Nanki replied to her:
"I told you that I was going to name him after Nfalli."
500 She replied: "I did not say
"That you were not going to name your child after Nfalli.
"But the child that I brought into the world,
"I will name him Kelefaa."
It turns out that all that the jinn and Maryaama were saying,
505 Sanka Nanki already understood it.
Early in the morning, Kelefaa's paternal relatives arrived.
After they arrived, they all took their places.
As soon as it was time,
They said: "Sanka!"
510 He responded: "Yes!"
They asked him: "Now, about this baby,
"What name will we give him?"
He replied: "This only nephew of mine,
"Given that Maryaama Nanki never had a child,
515 "Except this baby,
"I will," he said, "name him Kelefaa."

> *I fear you, Naamusoo.*
> *The woman who killed Kelefaa.*
> *I fear you, Naamusoo.*

520 *I tooñaa la*
Bii musóo musóo ka jele i fe i la kóóróo kaŋ
Yoobaa ŋaa suuté le yoobaa baa konkoloŋ

Dunyaa faa dunyaa bii maŋ dunyaa daa
Bii te dunyaa baŋ na
525 *Ali ŋa sumuŋ dunyaa la*
Yaarafaŋ joŋóo be sumuŋ dulaa la
Joŋ te badaa baŋ dulaa de
Kaatu joŋóo niŋ Ala taalaa si diyaa ñaa wóo ñaa
Fo a si janfaa luŋ baa kiliŋ na
530 *Niŋ i maŋ suutóo tóótu*
I be tilóo tóótu la
Niŋ i maŋ tiiñaŋ konkóo la
I si'i laa konkóo la
Kullu nafsi saayikatil mawti
535 *Muna ŋ'te maŋ saayaa ñoŋ feŋ jaw je*
Saayaa lom moonee feŋóo ti
Bii musóo musóo ka jele i fe i la kóóróo kaŋ
Yoobaa ŋaa suuté lee yoobaa baa konkoloŋ

Wó ñaa lom ye Kelefaa tóólaa Kelefaa Saane la.
540 I janjanta.
I bi jéé.
Jinnóo maŋ naa muruu naŋ koteke Kelefaa baamaa kaŋ
Fo Kelefaa taata a ye sànji taŋ a niŋ fula soto.
Luŋ kiliŋ jinnóo naata.
545 A ko a ye Maryaama Nànki, Maryaama Nànki!
A ko a ye naamu!
A ko a ye, taa kódiforo lamóo ñiniŋ ye a tunkaŋ.
Ye a ke Kelefaa maraa bulóo to.
A ko a ye a la waatóo siita naŋ.
550 Bari a be muŋ ke la,
A be a folóo la Badóóra Birikaama jaŋ ne.
Fanóo keta, Maryaama taata numóol ya.
A ye kódiforo lamóo ñiniŋ a ye a tunkaŋ.
A ye a sekki a la faani kaŋóo to.
555 A bi naa.
A ye Sànka Nànki tara siiriŋ a la bundaa to.
Maryaama ko a be tàmbi la, a ko a ye Maryaama!
Kódiforo lamóo miŋ be i bulu a samba naŋ!
Maryaama ko a ye, muŋ lamu?
560 A ko a ye, Maryaama ŋ'te le marata Badóóra

The Epic / 29

520   *True.*
Today's women laugh at you about your woes.
Well, I recognized her and she can't do anything
    against me.
The universe was not built today.
The universe will not vanish today.
525   *Let us talk about the world.*
It is true that man is having fun.
But he will not live on earth forever.
No matter how close man is to God,
One day they will be far from each other.
530   *If you don't keep up with the night,*
You will keep up with the day.
If you don't spend the afternoon with an empty stomach,
You will spend the night with an empty stomach.
Every living thing is called to die.
535   *I see nothing more painful than death.*
Death is treacherous.
Today's women laugh at you about your woes.
Well, I recognized her and she can't do anything
    against me.
That's how they named Kelefaa Saane.
540   They left.
Time passed.
The jinn did not appear again before Kelefaa's mother
Until Kelefaa was twelve years old.
One day, the jinn made an appearance.
545   He said to her: "Maryaama Nanki, Maryaama Nanki!"
She responded: "Yes!"
He said: "Go look for a silver bracelet that you will forge
"And place on Kelefaa's left wrist."
He said to her: "His time has come.
550   "But that which he will do
"Will start here in Badoora Birikaama."
The following day, Maryaama went to the blacksmiths.
She had them make a silver bracelet,
Which she tied to the waist of her skirt.
555   She was returning.
She found Sanka Nanki sitting near the door.
Maryaama wanted to get past, and he said to her: "Maryaama,
"Give me the silver bracelet you have with you."
Maryaama said to him: "What bracelet?"
560   He said to her: "Maryaama, in Badoora, I rule

Bànkóo xadama diŋóol la a niŋ a jinnóol.
I niŋ jinnóo ka feŋ óo feŋ fo,
Ŋ'te ŋa wó kalamuta le.
Jinnóo ko i ye kódiforo lamóo ñiniŋ,
565 Ye a ke Kelefaa maraa bulóo to.
Jaŋ niŋ i ka a ki jéé,
A dii ŋ'na, mbe a samba la Maaribantaŋ ne.
Maryaama ye kódiforo lamóo bóndi a kenóo kono.
A ye a dii a baarinkéé, Sànka Nànki, la.
570 Sànka ye kódiforo lamóo samba,
A taata a landi Maaribantaŋ.
Kódóo yeemanta.
Tili naani kódóo be yeemandiŋ.
Tili luulunjaŋóo Sànka taata,
575 A ye kódiforo lamóo tara jéé.
A ye kódiforo lamóo cika naŋ,
A naata a ye a dii Maryaama Nànki la.
Maryaama Nànki ye kódiforo lamóo taa,
A ye a dii Kelefaa la,
580 A ye a ke a maraa bulóo to.
Wó saamóo, Badóóra saatewóo kàmbandiŋool
Béé kafuta ñóo ma.
I ko, i naata Kelefaa muta kàmbaani mansa ti.
A ko i ye, al naata ŋ'te Kelefaa
585 Le muta kàmbaani mansa ti?
I ko a ye xaa!
A ko i ye, al ye a loŋ
Ŋ'te barimmaa Sànka Nànki mansa lom?
I ko a ye xaa!
590 A ko i ye wó tumóo bii ŋ'te fanaŋ mu mansa le ti.
Bari mbe al dandalaa la;
Móo móo ye kuu jawóo ke ñiŋ saate kono,
Niŋ muŋ ye i ñininkaa, a fo a ye Kelefaa le ye ŋ'kii.
Bari al taa! Saama, niŋ fanóo keta, al ye naa!
595 Dindiŋool taata.

Suuwóol be dóŋ na maaróol la suuwóol be dóŋ na

Janfaa tiñaata suuwóol be dóŋ na
Yee maaróol la suuwóol be dóŋ na wóo
Janfaa tiñaata suuwóol be dóŋ na
600 Wó saamóo, fanóo keta, dindiŋool naata.
Dindiŋ óo dindiŋ, Kelefaa ye saakóo dii a la.

"All the men and all the jinns of the kingdom.
"Everything that was said between you and the jinn,
"I heard it.
"The jinn asked you to look for a silver bracelet
565 "That you will put on Kelefaa's left wrist.
"Before you let him wear it,
"Give it to me. I am going to take it to Maaribantang."
Maryaama took the silver bracelet tied to the knot of her skirt
And gave it to her brother, Sanka Nanki.
570 Sanka carried the bracelet.
He went to Maaribantang and left it there.
The bracelet disappeared.
The silver disappeared for four days.
The fifth day, Sanka returned to [Maaribantang].
575 He found the silver bracelet there.
He collected the silver bracelet.
He returned home and gave it back to Maryaama Nanki.
Maryaama Nanki took the silver bracelet.
She gave it to Kelefaa,
580 Who put it on his left wrist.
The following day, the children of Badoora
Got together.
They decided to elect Kelefaa the young boys' king.
He said to them: "You came here
585 "To elect me the king of the youth?"
They replied: "Yes."
He said to them: "Do you know
"That my uncle Sanka Nanki is king?"
They replied: "Yes."
590 He said: "So, today, I too am king.
"However, I would like to direct your attention to this:
"If anyone breaks the law in this land,
"If they ask you, tell them that it is Kelefaa who sent you.
"Go until tomorrow morning, and then come back!"
595 The children went off.

*The horses are dancing; the princes' horses are
    dancing.
The world has broken apart, the horses are dancing.
O yea, the princes' horses are dancing.
The world has broken apart, the horses are dancing.*

600 The following morning, the young boys showed up.
Kelefaa gave a sack to each of the boys.

Màndinkóol ka a fo kufóo.
A ye muróo dii i la.
A ko i ye, ŋ'ko al ye ŋ'te Kelefaa muta mansa ti?
605 I ko a ye xaa!
A ko i ye, al si taa! Saama, al ye naa!
Dindiŋóol janjanta.
Wó saamóo, i naata, i benta a fééjéé, a faamaa la kordaa.
A barimmaa la kordaa, wó lom Kàmmaaribaa ti.
610 Dindiŋóol naata.
A ko i ye, mbe al talaa la sàppa saba.
Sàppa folóo, al taa kóo ñiniŋ!
Sàppa fulanjaŋóo ye taa kaanóo ñiniŋ!
Sàppa sabanjaŋóo ye taa kumu meseŋóo ñiniŋ!
615 Dindiŋóol janjanta.
I taata, ye ñiŋ béé ñiniŋ, i naata a ti.
A ko i ye, al ye a landi ŋ'na buŋóo kono!
Saama, niŋ fanóo keta al ye naa!
Mbe muŋ ke la, mbe a folóo la mbarimmaa le la.
620 I ka ñimóo folóo kintóo le la.
Ŋ'te be kuuwóo muŋ ke la, ŋ'na kelefaayaa kono,
Mbe a folóo la mbarimmaa la.
I ko a ye bisimila!
Dindiŋóol janjanta.
625 Wó saamóo, fanóo keta, dindiŋóol naata.
I ko a ye, Kelefaa, ŋ'naata le.
A ko i ye, kordaa jumaa lom ñiŋ ti?
I ko a ye, i barimmaa la kordaa lom, Sànka Nànki ti.
A ko i ye, ŋ'ko jaŋ nom Kàmmaaribaa ti?
630 I ko a ye ko xaa!
A ko i ye, sàppa dóol ye taa bulubaa la,
Dóol ye taa maraa la,
Ŋ'te faŋóo niŋ sàppa sabanjaŋóo bi taa ñóo la.
Ŋa taa beŋ Kàmmaaribaa luutééróo to,
635 Mbarimmaa la suuwóo kaŋ,
Wó tumóo Sànka taata Maaribantaŋ,
A la tiiñaŋ dulaa to.
A be siiriŋ jéé.
Dindiŋóol talaata sàppa saba.
640 Ñiŋ dóol taata bulubaa la,
Ñiŋ dóol taata maraa la.
Teemankóo ate faŋóo niŋ wól taata ñóo la.
I taata, i futata, i benta a barimmaa la luutééróo to.

The Mandinka say *kufóo*.
He gave each a knife.
Then he asked them: "Did you really elect me as your king?"
605   They replied: "Yes!"
He said: "Go until tomorrow and then come back."
The children dispersed.
The following day, they gathered at his father's house.
His uncle's house is named Kammaaribaa.
610   The children came.
He said to them: "I am going to divide you into three groups.
"The first group will go look for salt!
"The second group is going to look for pepper.
"The third group for lime."
615   The young boys dispersed.
They left and found all of the provisions and returned to him.
He said to them: "Put everything in my room.
"Come back tomorrow morning.
"I intend to begin my schemes against my uncle.
620   "One learns to chew with millet grains.
"What I intend to do, in my role as king,
"I will apply first of all against my uncle."
"We hear you," they said to him.
The youth dispersed.
625   The next morning, they returned to him.
They said to him: "We are back, Kelefaa."
He asked: "What house is that one?"
They replied: "That's the house of your uncle, Sanka Nanki."
He added: "Is it really Kammaaribaa?"
630   They replied: "Yes."
He said: "I ask that one group go on the right,
"Another group on the left.
"I will accompany the third group.
"Let us meet in the compound of Kammaaribaa,
635   "At my uncle's place."
In the meantime, Sanka had left to Maaribantang,
Where he was spending the day.
He was there resting.
The young boys divided themselves into three groups.
640   One group went to the right
And the others took the left.
The middle group made its way with Kelefaa.
They left and gathered in the compound of his uncle.

A ko i ye ko, ŋ'ko jaŋ nom mbarimmaa la suuwóo ti,
Kàmmaaribaa?
645 I ko a ye xaa!
A ye siiséé buŋ cóódii.
A ko i ye, muŋ ne buŋ mu ñiŋ ti?
I ko a ye siiséé buŋóo lom.
A ko i ye ko, maŋ lafi siiséé kiliŋ
650 Ye i laa siiséé buŋóo kono jaŋ.
Dindiŋóol ye siiséél béé muta.
I ko a ye, siiséél fele.
A ko i ye ko, al i samba ŋ'yaa!
Al ye ŋ'muta mansa ti.
655 Mbe noosóo ke la.
Wó tumóo a barimmaa Sànka be Maaribantaŋ.
A fanaŋ ye kiilaa kii naŋ.
A ko, bii, a be kontoŋ na siiséé subóo doroŋ ne la.
A ye a loŋ kuuwóo muŋ be suuwóo kono.
660 I naata.
Xani siiséé kiliŋ i maŋ a tara jéé buŋóo kono.
I ko a ye, xani siiséé kiliŋ ti jéé.
I ko a ye, Kelefaa ye siiséél béé muta le.
A ko i ye mbarindiŋ kiliŋóo lom.
665 Muŋ diyaata a ye wó le diyaata ŋ'ñe
Dindiŋóol ye siiséél samba a yaa.
I muruuta naŋ. A tambita i ñaato.
I futata, a ko i ye ko,
Muŋ buntuŋ nom ñiŋ ti?
670 I ko a ye, maani buntuŋóo lom.
A ko i ye, al maanóo jamaa taa,
Mbi taa muŋ tabi la pur ŋ'na noosóo.
Dindiŋóol ye maanóo jamaa jindi muŋ kaañanta i ma.

A ko i ye, al ye a samba ŋ'yaa.
675 Ye a samba a yaa to, i muruuta naŋ.
A tambita i ñaato,
A ye mangasiinóo cóódii.
A ko i ye, muŋ ne bi jéé?
I ko a ye, tuluwuleŋóo bi jaŋ,
680 Tenkesetulóo bi jaŋ, ninsitulóo bi jaŋ.
A ko i ye, al tulóo jamaa taa;
Mbi taa muŋ domo la ŋ'na noosóo to.
Dindiŋóol ye wó fanaŋ taa,
Ye a samba, i taata a landi Kelefaa yaa.

He asked: "Tell me, is this Kammaaribaa, the house of my uncle?"
645 They replied: "Yes."
He pointed to a hen house.
He asked them: "What kind of room is that?"
They responded: "That's a hen house."
He said to them: "I don't want a single chicken
650 "To remain in that hen house tonight."
The young boys captured all of the chickens.
They said to him: "Here are the chickens."
He said to them: "Take them to my place.
"You have made me your king.
655 "We are going to celebrate the occasion."
In the meantime, Sanka was in Maaribantang.
He sent some people,
Telling them that he would only eat chicken that day.
He knew what had happened at home.
660 They arrived.
They did not find even a feather in the hen house.
They said to him: "Not a single chicken remains there."
They said to him: "Kelefaa captured all of the chickens."
He said to them: "That's my only nephew.
665 "I support whatever pleases him."
The children took all the chickens to Kelefaa's place.
Then, they returned to him and he led the squad.
They stopped on the way and he said:
"What kind of granary is that?"
670 They replied: "That's a rice granary."
He said: "Take a good amount of rice
"That we will cook for our celebration."
The children supplied themselves with a sufficient amount of rice.
He said: "Carry it to my place."
675 They took it to his place and made their way back.
He passed in front of them.
He pointed to a storage room
And said: "What is in there?"
They replied: "There is palm oil,
680 Almond oil, and cattle cream oil."
He said: "Take a fairly large volume of oil
"That we are going to serve for our celebration."
The boys took all of that too
And they went to deposit it at Kelefaa's place.

685 I muruuta naŋ, a tambita i ñaato.
A tarata dolo mangasiinóo ma, a ko i ye,
Muŋ ne bi jéé?
I ko a ye, tendolóo bi jaŋ,
Liidolóo bi jaŋ, ñóódolóo bi jaŋ.
690 A ko i ye, al dolóo jaama taa!
Saama niŋ ŋa ŋ'na tabiróo ke,
Mbi taa muŋ miŋ na ŋa siira.
Dindiŋóol ye wó fanaŋ taa,
A tambita i ñaato.
695 I bi taa. A ye mbiraŋ wooro tara lóóriŋ.
A ko i ye, al ñiŋ mbiraŋ wooróo cika
A niŋ kaleera baa fula!
I taata, i futata Kelefaa ñóol la suuwóo kono.
I ko a ye, saayiŋ Kelefaa ŋ'na noosóo
700 Mbi taa ke la muntóo le?
A ko i ye, al ye a loŋ ŋ'te barimmaa, Sànka Nànki, mansa lom?
I ko a ye xaa!
A ko i ye, bii ŋ'te fanaŋ mu mansa le ti.
Koloŋóo be Badóóra Birikaama,
705 I ka a fo a ye Mansakoloŋ.
A ko i ye, mbarimmaa be Maaribantaŋ.
Mansakééwóo ka tiiñaŋ wó le to.
Ŋ'te la noosóo mbi taa ke la Mansakoloŋ ne.
Ye ñil béé samba jéé.
710 I taata, a ko i ye, al siiséél béé faa!
Xani siiséé kiliŋ al kana a tu jéé!
Ye siiséél béé faa tembóo miŋ na, ye i bàndi.
A ko i ye, al siiséé musóol kééfayye,
Al ye duntuŋóo kééfayye!
715 Ŋ'te Kelefaa te siiséé musóo domo la,
Kaatu ŋ'te niŋ musóo maŋ aafeeri soto.
Ŋ'te niŋ kééwóo doroŋ ne aafeeróo soto ŋ'na baluuwóo kono.
Siiséé musóo ŋ'te a domo la.
Atel le be wó domo la,
720 Bari ŋ'te te siiséé musóo domo la.
Ye wó tabiróo ki jéé fo ye i bàndi,
Ye i la domoróo ke, ye i bàndi.
Ye i la dolóol miŋ.
Wuraaróo siita, a niŋ dindiŋóol be sey la ka naa suuwóo kono,
725 A ko i ye, al siiséé tiyóo niŋ siiséé nuwóol kóo!

Dindiŋóol ye wól ñattaka i sisóol la.

685	They came back and he passed in front of them.
	Stopping at the front of a place where wine was stored, he said:
	"What is there inside?"
	They responded: "There's palm wine,
	"Honey wine, and sorghum wine."
690	He said: "Take down a lot of wine
	"When we are done cooking tomorrow,
	"We'll drink to get drunk."
	The boys took down a lot of that also,
	And he passed in front of them.
695	On the way, he saw six calabashes.
	He said to them: "Take these six calabashes
	"With two large pots!"
	They left and went to Kelefaa's house.
	They asked him: "And now, Kelefaa, about our party,
700	"Where are we going to have it?"
	He said: "You know that my uncle, Sanka Nanki, is king?"
	They responded: "Yes."
	He said to them: "Well, me too, I am king today."
	There is a well in Badoora Birikaama,
705	They call it Mansakolong.
	He said to them: "My uncle is in Maaribantang.
	"It's where the king spends the day.
	"I am going to have my party at Mansakolong."
	They took all their provisions there.
710	They left. He told them: "Kill all the chickens!
	"Don't save a single one!"
	After they finished killing all the chickens,
	He said to them: "Put the hens on one side
	"And the cocks on the other!
715	"I, Kelefaa, will not eat hen meat,
	"Because I do not have a single relation with females.
	"I have done nothing but with males in my life.
	"I am not going to eat hen meat.
	"You are going to eat it,
720	"But I will not eat hen meat."
	They made the food first.
	Then they ate.
	Then they drank their wine.
	That evening, he returned home in the company of the children.
725	He said to them: "Collect the feathers and the bowels of the hens."
	The children carried them close to their chests.

I naata.
Ye a barimmaa tara siiriŋ
Kàmmaaribaa luutééróo to.
730 A ko i ye, al siiséé tiyóo fay a koto!
Ye siiséé tiyóol niŋ siiséé nuwóol jurma a koto.
A ko a ye, mbariŋ!
A ko a ye, naamu!
A ko a ye, i la siiséél, ŋ'te le ŋa i faa.
735 A kuyaata i ye baŋ fo a diyaata i ye?
A barimmaa, Sànka Nànki, jeleta.
A ko a ye, Kelefaa ŋ'te niŋ i baamaa
Le bota baa kiliŋ faa kiliŋ.
Maryaama maŋ naa diŋ soto fo ite diŋ kéé kiliŋóo.
740 Ite be muŋ ne ke la muŋ be kuyaa la ŋ'te ye?
A ko a ye, barinyaa ti jéé
Barindinyaa ti jéé.
Mbariŋ naa kuyaata i ye,
Ñóo ñiiñaata daamiŋ, ŋa benteŋóo lóo jéé.
745 Kaatu ite mu mansa le ti.
Bii, ŋ'te fanaŋ kambaanóol la mansa lom ŋ'te ti.
I bi jéé, i janjanta.
Wó saamóo dindiŋóol naata.
A ko i ye, jaŋ niŋ ŋ'ka taa Mansakoloŋ,
750 Ŋ'ko ŋa ñimóo folóo mbarimmaa la.

Niŋ i be ñimóo folóo la,
I ka a folóo kintóo la.
I ko a ye xaa!
A ko i ye, dindiŋ óo dindiŋ bi naa ŋ'te yaa,
755 I niŋ i baamaa la siiséé maŋ naa,
I niŋ i faamaa la siiséé,
Mbe kuu laa la i kaŋ,
Kuu te jawyaa la wó la,
Kaatu al ye a je le ŋa mbariŋ na siiséél béé kóo.
760 Dindiŋóol yeerta saate kono.
Ye i la baamaa niŋ faamaal ñóol siiséé béé muta i kaŋ.
Cóócóo kumata,
Xaa ñiŋ dindiŋóo Kelefaa maañaa siyaata!
Kelefaa kumaaseeta móo tooro la.
765 Ñiŋ dindiŋóo maŋ wuluu folo,
A be móol toora la.
Kumóo béé be fo la.
I taata, ye a fo Sànka ye.

They arrived.
They found his uncle sitting
In the middle of the compound of Kammaaribaa.
730 Kelefaa said to them: "Throw the feathers next to him!"
They piled up the feathers and the bowels next to his uncle.
Kelefaa said to him: "My Uncle!"
He responded: "Yes!"
Kelefaa said to him: "It was I who killed your chickens.
735 "Do you like it or don't you like it?"
His uncle, Sanka Nanki, began to laugh.
His uncle said to him: "Kelefaa, your mother and I
"Have the same father and the same mother.
"Maryaama has no other child but you.
740 "What can you do that will offend me?"
Kelefaa said to him: "I don't care whether you are my uncle
"Or that I am your nephew.
"If that displeases you, my Uncle,
"Let us place a hedge where the millet is more flourishing.
745 "It's true that you are king,
"But me too, I represent the king of young boys today."
A little later, they dispersed.
The next day, the children came back to him.
He said to them: "Before going to Mansakolong,
750 "I want to remind you that I have begun my intrigues against my uncle.
"When one begins to chew,
"One begins with little grains of millet."
They said to him: "Yes."
He said to them: "Every boy who comes to my house
755 "Without the chickens of his father,
"Without the chickens of his mother,
"I will inflict a punishment on you
"More severe than anyone could possibly give.
"Because you saw that I have killed all of my uncle's chickens."
760 The children dispersed into the village.
They caught all the chickens of their fathers and mothers.
The gossiping began:
"Well, that child Kelefaa has some bad ways.
"Kelefaa has begun to do evil to people.
765 "That child is not even born yet
"And already he causes lots of pain to others."
The people uttered all kinds of words.
They went to speak to Sanka;

        Sànka be déériŋ.
770   Sànji kiliŋ kari fula,
        Kelefaa niŋ a la móol ka siiséé doroŋ ne domo.
        Kari fulanjaŋóo lóóta témbóo miŋ na,
        A ye dindiŋóol béndi.
        A ko i ye, muna al ye a loŋ ne muŋ be kéériŋ?
775   I ko a ye xani!
        A ko i ye ŋ'na Mansakoloŋ jaŋ,
        Siiséé te domo la jaŋ koteke.
        I ko a ye, saayiŋ Kelefaa, mu ka muŋ ne domo la?
        A ko i ye baa mutóo le siita a niŋ saaji mutóo.
780   Aduŋ wó saajiyóol niŋ baalu,
        Ite i muta la dulaa dóo to Badóóra Birikaama koolaa,
        Aduŋ ite i domo la dulaa dóo to ŋ'na Mansakoloŋ koolaa.

        Mbiróo kumaaseeta doroŋ,
        Cóócóo wilita saatewóo kono.
785   Xaa, saayiŋ Kelefaa ye siiséél bula le,
        A niŋ wandi baal lel be ñóo la a niŋ saajiyóol.
        Cubulu cabalóo siyaata saate kono.
        Ye a fo Sànka ye.
        Sànka be déériŋ.
790   A baamaa, Maryaama Nànki, taata a kaŋ.
        A ko a ye, Sànka, i be déé muntóo diyaamóo le fisiyaata a ti.
        Kelefaa maŋ taa, a maŋ naa.
        A be móol tóórariŋ saatewóo kono.
        Daa wóo daa, Kelefaa, Kelefaa, Kelefaa, Kelefaa!
795   Ŋ'te maŋ xaañi ñiŋ dindiŋóo la kuuwóo la de.
        Ñiŋ diŋ kiliŋóo duŋ be ŋ'te niŋ Ala teema.
        Sànka ko a ye taa!
        Mbe Kelefaa niŋ dindiŋóol fatandi la
        Fééróo muŋ na, wó fééróo be mbulu le.

800   *Julu baa taa la ŋ'te julu baa taa la*
        Saate sadaa te julu baa taa la
        Yee diŋóo béé te julu baa taa la
        Bulundaa jakóo te julu baa taa la
        Jiité Bànnaa i niŋ sumóo
805   *I niŋ xeraasiyaa maŋ jamaa*
        Ali ŋa sumuŋ dunyaa la.
        Mbeŋ sumuŋ dulaa
        Bari ŋ'teŋ badaa baŋ dulaa muumeeke.

	Sanka kept quiet about the matter.
770	For one year and two months,
	Kelefaa and his friends ate nothing but chicken.
	At the end of the second month,
	He assembled the children.
	He said to them: "Do you know what is happening right now?"
775	They said to him: "No!"
	He said: "Here in Mansakolong,
	"No one will eat chicken again."
	They asked him: "So, what are we going to eat now, Kelefaa?"
	He responded: "It is high time we captured goats and sheep.
780	"And these sheep and goats,
	"We will not catch them anywhere if not in Badoora Birikaama,
	"And then we will not eat them anywhere if not at Mansakolong."
	As soon as they began this business,
	The gossiping began in town:
785	"Well, Kelefaa has abandoned the chickens.
	"Now he has taken to the goats and sheep of the people."
	The gossip started from all sides.
	They informed Sanka about the matter.
	Sanka kept quiet.
790	Kelefaa's mother, Maryaama Nanki, went to see him.
	She said to him: "Sanka, your talk is better than keeping silent.
	"Kelefaa is an irresponsible child.
	"He is causing pain to people in town.
	"Everywhere you go they talk about no one but Kelefaa.
795	"The behavior of this child frightens me.
	"And this only child is what binds me to God."
	Sanka said to her: "Go!
	"The way I will separate Kelefaa from the boys,
	"I know the way."

800	*[I won't] sing the great tune, I won't sing the great tune.*
	The miserable man of the town won't sing the great tune.
	The kids will not sing the great tune.
	The low-achiever will not sing the great tune.
	Jiite Bannaa, you are a sociable man.
805	*You are at the same time a peaceful man.*
	Let us talk about the world.
	We are in our talking place
	But we are not in this world forever.

810　　　　*Kullu siddatin baadaa kasiifatin,*
　　　　　Dunyaa mu koleyaa niŋ sooneyaa le ti.
　　　　　Mànsóo a faŋóo ko le taarifuuni ali ŋ'loŋ,
　　　　　Kabla àntaa buduuni, jaŋ niŋ al be mbatu la.
　　　　　Faman lamyaari fuuni, móó muŋ ma ŋ'te loŋ,
　　　　　Fa kayfa, ñaa jumaa lom,
815　　　　*Àntaa buduuni, i be ŋ'te batu la tóo jumaa le la.*

　　　　　Jonkéé tóo mu Bilaal le ti.
　　　　　Niŋ i ko a ye Muxàmmadu a mu ke i dankuŋ.
　　　　　Tóo baa maŋ wulóo wati.

　　　　　Niŋ i maŋ laa wó la i si wulundiŋ kurkuróo bula
820　　　　I ko a ye Muxàmmadu.
　　　　　Niŋ a ye a laa laaraŋóo koto,
　　　　　Niŋ fanóo keta, a furéé i be wó le tara la jéé.
　　　　　Jiité Bànnaa, Kebe Jakaraasi!
　　　　Wó ñaa lom, fanóo keta, dindiŋóol naata.
825　　　　I benta Kelefaa yaa.
　　　　　Ñancóo dunta bunkono, a be paree la.
　　　　　A barimmaa, Sànka Nànki, ye a kumandi.
　　　　　A ko a ye, Kelefaa!
　　　　　A ko a ye, naamu!
830　　　　A ko a ye naa naŋ!
　　　　　Ñancóo naata.
　　　　　A ko a ye, mbariŋ muŋ nom?
　　　　　A ko a ye, Kelefaa i maŋ taa, i maŋ naa.
　　　　　I la móo tooróo warata.
835　　　　Badóóra Birikaama saatewóo kono jaŋ,
　　　　　Sanji fula kari fula,
　　　　　Duntuŋóo mu ka konkoleŋ ñiŋ saatewóo jaŋ.
　　　　　Ite Kelefaa ye siiséél béé baŋ ñimi la jaŋ.
　　　　　Wó siiséél i maŋ daŋ wól la,
840　　　　I kumaaseeta koteke.
　　　　　I be wandi beeyaŋóo muta la, baal niŋ saajiyóol.
　　　　　Bari niŋ ye a je i be wó ke la,
　　　　　Ye a ñaa le soto.
　　　　　Saa buŋóo fele naŋ,
845　　　　Taa daa yele ye taa saa kantóo la!
　　　　　A ko a barimmaa ye bisimilaay!
　　　　　A ko dindiŋóol ye, al i janjaŋ!
　　　　　Mbariŋ ko ŋa saa kantóo ke.
　　　　　Aduŋ niŋ a ye muŋ fo ŋ'ñe, mbe wó ke la.

810 *Kullu siddatin baadaa kasiifatin.* [verse]
The world is about pain and pleasure. [translation]
The Lord Himself said: "taarifuuni" *(know Me)*
"Kabla àntaa buduuni" *(before you worship Me)*
"Faman lamyaari fuuni" *(one who does not know Me)*
"Fa kayfa" *(how can you)*
815 "Àntaa buduuni" *(worship Me)*?

Bilaal is the name of the master of servants.
He does not respond when you call him Muhammad.
One does not do justice to a dog by giving him a
    sacred name.
If you don't believe it, choose a pup
820 And name it after Muhammad.
If he spends the night next to your bed,
It's a cadaver that you will find in the morning!
Jiite Bannaa! Kebe Jakaraasi!
The next day, the children returned,
825 They met at Kelefaa's house.
The prince went into his room and got himself ready.
His uncle, Sanka, called him.
He said to him: "Kelefaa!"
He responded: "Yes."
830 He said to him: "Come here!"
The prince went to him.
He said to him: "What is it, my Uncle?"
He said to him: "Kelefaa, you are an irresponsible child.
"You have caused a lot of pain to the people.
835 "In all of Badoora Birikaama,
"For two years and two months,
"One has not heard a cock's crow.
"You, Kelefaa, have eaten all the chickens.
"They did not satisfy your appetites,
840 "So you got started again.
"You are capturing people's goats and sheep.
"But if you see yourself doing that,
"It's because you have time.
"You see the sheep shed?
845 "Go open the door and let the sheep go!"
He said to his uncle: "I hear you."
He said to the children: "Go away.
"My uncle asked me to look after the sheep,
"And I will do what he asks me to."

850 Kelefaa be wó saa kantóo le la.
     A ye saa kantóo ke fo sanji woorowula.
     Sanji woorowulóo tembeta témbóo miŋ na,
     Ñancóo la saabu ñimmaal bi naa.
     Sutóo be Badóóra Birikaama,
855 Xani saama, i ka a fo a ye Ñantana.
     Purtugeesinkóol ye a loŋ ne.
     I ka a fo a ye Ñantana sutóo.
     Wó sutóo, jinné kordaa baa bi jéé.
     Jinné sunkutóo bi jéé.
860 Yaaraŋ wó ye Kelefaa kanu.
     Wó sutóo, niŋ tilóo kàndita,
     A niŋ saajiyóol si taa jéé,
     A si'i laa jéé, a si'i foñondi, a si'i siinóo.
     Bari niŋ a be wó laa la,
865 Jinné sunkutóo si naa a ye sii a kuntó
     Fo a wili waatóo siita.
     Niŋ ate wilita, a taata,
     Jinné sunkutóo fanaŋ si taa.
     Sanji woorowulanjaŋóo wó jinné sunkutóo
870 Naata a kalaŋ a ye sunkutu ñimmaa baa la,
     Saate kono sunkutóo la muŋ keta a lommóo ti.
     Ñancóo be siinóo la,
     Sunkutóo naata a ye a kuniŋ.
     A ko a ye, Kelefaa! ite wóo, saaji kantóo doroŋ ite be wó le la.

875 A ko a ye xaa!
     Ŋ'te barimmaa le ye mbula saa kantóo la,
     Aduŋ mbarimmaa ye mbula kuu wóo kuu la
     Mbe wó le ke la.
     A ko a ye, Kelefaa!
880 A ko a ye, naamu!
     A ko a ye, muna i si xaañi ŋ'te ñaa le?
     Yé! A ko a ye, ŋ'te maŋ silaŋ feŋ na,
     Fo musóo niŋ a la faanóo?
     Allaa!
885 Ite maŋ a loŋ i ka muŋ fo.
     Ŋ'te maŋ silaŋ ŋ'ñoŋ kééwóo la,
     Baara musóo niŋ a la faanóo.
     A ko a ye, Kelefaa, muna ŋ'te maŋ ke móo ti;
     Ŋ'te mu jinnóo le ti.
890 Fo niŋ seyta ŋ'na jinnéyaa ñaamiŋ,
     I be xaañi la ŋ'ñaa le baŋ?

850	Kelefaa began to watch the sheep.
	He watched them for seven years.
	At the end of the seventh year,
	Good fortune began to smile on the prince.
	There is a forest in Badoora Birikaama
855	That people still call the forest of Ñantana.
	The Portuguese know it well.
	They still call it the forest of Ñantana.
	There is a large house of jinns in this forest.
	There is a young jinn girl who lives in there
860	And who is, in fact, in love with Kelefaa.
	In this forest, under the afternoon heat,
	He would take the sheep there.
	Once there, he would stretch out, rest, and sleep.
	But during his rest,
865	The young jinn would sit next to him
	Up until the moment when he woke up.
	Whenever he was ready to leave,
	The young jinn would leave as well.
	During the seventh year, the young jinn
870	Turned into a very beautiful girl,
	A girl with the same nature as those of the village.
	The prince was sleeping.
	The girl came to wake him up.
	She said to him: "Kelefaa, all you do is to look after the sheep."
875	He said to her: "You are right.
	"My uncle asked me to watch the sheep.
	"And whatever my uncle orders me to do,
	"I will do it."
	She said to him: "Kelefaa!"
880	He responded: "Yes!"
	She said to him: "Are you not scared of me?"
	Well! He answered: "I do not fear anything,
	"Let alone a woman with a sarong.
	"My God!
885	"You do not know what you are saying.
	"I am not afraid of my fellow creatures,
	"Let alone a woman enveloped in her sarong."
	She said to him: "Kelefaa, I am not a human;
	"I am a jinn.
890	"If I take my jinn form,
	"Would you not be afraid of me?"

Ñancóo wilita, a ye a ñaa móósi.
A siita a ye a kóo sembe yirisutóo to.
A ko a ye, yelema i la jinnéyaa ñaama baŋ,
895　　　Ye i la kalaŋóo béé ke ŋa i juubéé!
A ko a ye, fo niŋ ŋ'yelemata ŋ'na jinnéyaa ñaamiŋ,
I be xaañi la ŋ'ñaa le baŋ?
A ko a ye ite ye i yelema doroŋ ŋa i juubéé!
　　　　Balaamaŋ
900　　　Ñancóo siita a ye a kóo sembe.
Jinné sunkutóo yelemata.
A ye a la kalaŋóo fasoŋóo béé ke.
Ñancóo be siiriŋ, a be a juubéé la
Fo jinnóo ye a bàndi.
905　　　A ko a ye, muna ye i bàndi le?
A ko a ye xaa!
A ko a ye i la ñiŋ maŋ ŋ'te kija fara,
A maŋ bo ŋ'nóo to,
A maŋ mbala jara.

910　　　　　　Saarafaa Ñaaliŋ Jeenuŋ Saane Balaamaŋ
　　　　　　Tenkiliŋ ŋanaa niŋ kànnii waali
　　　　　　Sontombure a niŋ Ñaaliŋ Jeenuŋ
　　　　　　Maryaama Nànki diŋóo
A ko a ye ko, Kelefaa,
915　　　Biriŋ luŋ miŋ ite ye saa kantóo folóo jaŋ,
Niŋ i naata foñondiŋóo la ñiŋ sutóo kono jaŋ,
Ŋ'te ka sii i kuntó le fo ye i wili,
I mu ka ŋ'je.
A ko a ye, ŋa i kanu le.
920　　　Ŋ'lafita niŋ i ye futuu.
A ko a ye, ŋ'te a ke la.
A ko a ye, muŋ ne ye a tinna ite a ke la?
A ko a ye ŋ'te Kelefaa Saane, ŋ'te ŋa kuu wóo kuu muta,

Saayaa le be ŋ'te niŋ wó talandi la.
925　　　Jinna kafuñóóyaa duŋ sanji wooro.
Woorowulanjaŋóo al si bó a maarii to.
Ŋ'te Kelefaa duŋ ŋa kuu wóo kuu muta,

Saayaa le be ŋ'te niŋ wó talandi la.
Niŋ mbe futuula, saayaa le be ŋ'talandi la.
930　　　Niŋ i maŋ dàkkor wó la,
Wó sanji woorowula sartóo ŋ'te beŋ na wó la.

The prince began to raise himself and he rubbed his eyes.
He sat up and leaned against the tree.
He said to her: "Show me your jinn form.
895 "Do all sorts of metamorphoses so that I can see you."
She said to him: "If I take back my jinn form,
"Would you not fear me?"
He said to her: "Change yourself only so that I can see you!"
   Balaamang!
900 The prince sat and leaned back.
The young jinn girl changed herself.
She transformed herself in many different ways.
The prince was sitting and watching her
Until she was finished.
905 He said to her: "But you are finished?"
She said to him: "Yes."
He said: "Your act did not make me panic.
"I did not move a finger.
"I didn't feel any shudders run through my body."

910   Saarafaa Ñaaling Jeenung. Saane Balaamang.
   The one-palm-tree-warrior and the old brave soldiers.
   Sontombure and Ñaaling Jeenung.
   Maryaama Nanki's child.
She told him: "Kelefaa,
915 "Since the day you began looking after the sheep,
"Each time you came to rest in this forest,
"I sat next to you until the moment you got up to leave.
"You don't see me."
She added: "I love you.
920 "I want to get married to you."
He told her: "I refuse."
She asked him: "Why do you refuse to do it?"
He told her: "When I, Kelefaa Saane, am committed to one thing
"Only death separates me from all that commitment.
925 "Affection with a jinn woman only lasts six years.
"The seventh year, you get rid of your spouse.
"And me, personally, from the time that I agree to an engagement,
"Only death will separate me from it.
"If we did get married, only death would separate us.
930 "If you don't accept that,
"The seven-year pact, we cannot be united.

I si taa i fayye ŋa taa ŋ'fayye.
Jinnóo ko a ye, ŋ'te lafita mbe futuu le ye.
Saayaa le be ŋ'talandi la.
935 A ko a ye, maŋ soŋ.
Jinné sunkutóo ye a la jaaruwóo bóndi,
A ye a dii Kelefaa la.
A ye a ke a bulóo to,
A niŋ a faŋóo be siiriŋ kordaa la.
940 A ko a ye, ñiŋ ye muŋ je, ŋ'faamaa lom,
Ñiŋ muŋ mbaamaa lom, ñiŋ mu ñiŋ ne ti . . .
A lafita a béé yitanda a la;
A ko a ye, ŋa taa ila alfaal yaa!
A taata.
945 I niŋ jinné sunkutóo baamaa kàccaata,
I niŋ a faamaa kàccaata, i dàkkorta,
A ko a ye, saayaa le be ŋ'talandi la de!
Jinné sunkutóo dàkkorta wó la.
Ye futuuwóo siti i ye.
950 Sànka be suuwóo kono.
Jaŋ niŋ Kelefaa niŋ saajiyóol bi naa,
A ye a dindiŋóol kili, a ye i béndi,
A ko i ye, saama, niŋ fanóo keta,
Niŋ muŋ ye Kelefaa kuniŋ saa kàntóo la,
955 Niŋ ye kuu muŋ soto jéé
I faŋóo le ye a saabu.
Kelefaa te kàntaróo ke la koteke
Jaŋ niŋ a la saayaa la.
Ate saa kàntóo ke la de!
960 Ñiŋ muŋ ye a kuniŋ,
Niŋ ye muŋ soto jéé,
I faŋóo le ye wó saabu.
Ñancóo muruuta naŋ,
A ye saajiyóol dundi.
965 Biriŋ a ye saajiyóol dundi, a ye a bàndi,
A ye a la faŋóo taa a ye a diyaa fo a daa finta.

Jaakonlaa niŋ Jaakoŋ Sàmbu.
Jaaxànkóo niŋ jaakalintóo maŋ muluu.
Kasinkóo niŋ sinsiŋóo maŋ muluu.
970 Ñóóminkóo niŋ ñóóminnaa janfata ñóo la.

Surunkunnóo niŋ suruwaa maŋ muluu.
Surubusarabóo niŋ Suruwaa maŋ muluu.

"It would be better if our paths didn't cross."
The jinn told him: "I want to be married to you.
"Only death will separate us."
935 He told her: "I said no."
The young jinn took off her jewels.
She gave them to Kelefaa.
He put them on.
They were sitting near the house.
940 She told him: "This one belongs to my father.
"That one belongs to my mother, and this is this."
She wanted to show him everything.
He told her: "Let's go see your parents."
They went.
945 They chatted with the young jinn's mother;
They spoke to her father and they came to an agreement.
He told her: "I'm warning you that only death will separate us."
The young jinn gave her consent.
They were then married.
950 Sanka was at his house.
Before Kelefaa reached home with the sheep,
He called the children and gathered them.
He told them: "Tomorrow morning,
"If someone wakes Kelefaa to go watch the sheep,
955 "If anything happens to him,
"He will have asked for it.
"Kelefaa will no longer watch the sheep
"For the rest of his life.
"He will no longer watch the sheep.
960 "If you wake him up,
"If anything happens to you,
"You will have asked for it."
The prince came back to the house
And put the sheep in the enclosure.
965 After he put the sheep in the enclosure,
He took his sword and sharpened it as best he could.

    Jaakonlaa and Jaakon Sambu.
    The Jaahanke and the joker are different.
    The Kasinka and the basket are different.
970   The Ñoominka Serer and the sorghum water drinker are different.
    The tumbler is far from being a Wolof.
    Mixture is hurting the Wolof.

></p>

	Waaw kanfoolaa niŋ Suruwaa janfata ñóo la.
	Jaabi Kasama,
975	Kammóóribaa diŋóo!
	Yoobaa! Kalil raxmaan.
	Solo be lawal zànna.
	Solo be xaasal kuryaan.
	Kende jaama le bi jaŋ.
980	Baróo Mannaasóol bi jaŋ de.
	Maanel joŋ kelefaa bi jaŋ ne.
	Tenkiliŋ ŋanaa niŋ kànnii waali.
	Niŋ baa faata wól ma i ko i ye baa kóo mansa.
	Niŋ a jiita i ko i ye Tiraamakaŋ tendaa.
985	Tiraamakaŋ niŋ jonkanto koleŋ.
	Yoobaa!
	Wo ñaa lom ñancóo naata,
	A ye a la faŋóo taa a ye a diyaa fo a daa finta.
	A be i laa la,
990	A ye a la faŋóo laa a konóo koto,
	A ye i laa.
	Fanóo keta, saajiyóol be saabunkono, i be kibir la.
	Sànka dinkéébaa, Sànka Mijjaa, wilita.
	A ko, muna Kelefaa maŋ saajiyóol bula?
995	I ko a ye, xani, Kelefaa maŋ saajiyóol bula.
	Kelefaa be laariŋ ne.
	A taata, a ye ñancóo tara laariŋ,
	A ye a kuniŋ.
	Balaamaŋ
1000	Sumaa Tàmbaa fiŋ a niŋ Sumaa Tàmbaa koy.
	Kanku Tàmbaa a niŋ Maraŋ Tàmbaa.
	Kamburu Mburuŋ ŋanaa a niŋ Kancuŋ Dannaa.
	Kumburóŋóo bulata ñóódolóo kono.
	Tuŋaa kelelaa.
1005	Dalaa Ŋalen na Jóólaa be laariŋ Baariyaa,
	Sànka Nànki diŋóo,
	Maryaama Nànki diŋóo.
	Konkóo maŋ a faa,
	Feetóo maŋ a faa,
1010	Mindóo maŋ a faa,
	Musu kuu maŋ a faa,

The waaw-sayer is far from being a Wolof.
Jaabi Gasama,
975 Son of the great Kammoori.
Yoobaa! Kalil Rahmaan!
Solo is mentioned in "Lawal zannaa."
Solo is mentioned in "Haasal kuryaan."
We have the presence of noble people here.
980 The Barro Mannaas are here.
The princely Maanes are here.
The one-palm-tree-warrior and the old brave soldiers.
When the sea is at high tide they say the king is
across the sea.
When the sea is at low tide they say Tiramagan's
beach sands.
985 Tiramagan and Jonkanto the fierce.
Yoobaa!
That is when the prince returned.
He took his sword and sharpened it as best he could.
When he was about to get to bed,
990 He placed his sword next to his stomach.
He went to bed.
The next morning, the sheep were bleating in the enclosure.
Sanka Mijjaa, Sanka's eldest son, woke up.
He asked: "But didn't Kelefaa take the sheep out to walk?"
995 The children replied: "No, Kelefaa didn't take the sheep out
to walk;
"He is still in bed."
He went to find Kelefaa in the middle of sleeping
And he woke him up.

Balaamang!
1000 The black Sumaa Tambaa and the white Sumaa Tambaa.
Kanku Tambaa and Marang Tambaa.
The brave Kamburu Mburung and Kanchung Dannaa.
The bee dived into the sorghum wine.
Foreign-land-fighters.
1005 Dalaa Ŋalen's Joolaa lies in Baariyaa.
The son of Sanka Nanki.
The son of Maryaama Nanki.
Hunger did not kill him.
Wanting in clothing did not kill him.
1010 Thirst did not kill him.
Womanizing did not kill him.

Jaakaali maŋ a faa,
Ñancóo be laariŋ bànkóo tibaa kaŋ,
Ate wili la fo yowmal baasa wili luulu.
1015 Yoobaa! Kalil raxmaan.
Biriŋ Sànka Mijjaa naata,
A ye Kelefaa kuniŋ.
A ko a ye, wili ye taa saajiyóol bula!
Ñancóo ye faanóo kóo a kuŋóo kaŋ,
1020 A ye Sànka Mijjaa juubéé, a ye a kuŋóo sey muurariŋ.
Sànka Mijjaa funtita.
Sànka Nànki diŋóo lom wó ti.
A ye a toolaa a faamaa Sànkabaa la.
Kelefaa diŋóo wo lom Sànka Mijjaa ti.
1025 A muruuta naŋ koteke, a ye ñininkaaróo ke.
A ko, Kelefaa maŋ saajiyóol bula?
I ko a ye, a be laariŋ ne.
A naata a ye ñancóo kuniŋ.
Ñancóo ye faanóo kóo a kuŋóo kaŋ,
1030 A ye a juubéé a ye faanóo sey a kuŋóo kaŋ.
A ko a ye, ŋ'fele mbi taa la.
Niŋ muruuta naŋ koteke
Ŋa i tara naŋ laariŋ jaŋ,
Mbe kuu ke la i la wó be jawyaa la baake.
1035 Ñancóo be laariŋ, Balaamaŋ!
Wó la naa sabanjaŋóo a ye Kelefaa busa.
Kelefaa ye faanóo kóo a kuŋóo kaŋ,
A ko a ye, a kana fulanjaŋ!
A ye a busa koteke,
1040 A ko a ye, a kana sabanjaŋ!
A la busa sabanjaŋóo, Kelefaa ye faanóo fay.
I kunturóo kaañanta santo,
Wó ye a kóo dii a ko a bi taa.
A ko a ye, niŋ kééwóo mu a ke i jóo le.
1045 Kelefaa ye faŋóo sappi a sañóo la,
I funtita ñóo ti bundaa la.
A taata a busandi banta,
A ñeedita. A ko a be a kuŋóo kuntu la,
Móol ñansunta,
1050 Wuuróo kumata.
Badóórankóol ko yóo!
Bii kuuróo be koy la bii.
Sànka Nànki, Kelefaa ye kuu wóo kuu ke wó le diyaata a ye.
Bari bii a pareeta le, a ko a be a faŋóo diŋóo faa la.

	Worry did not kill him.
	The earth upon which the prince lies,
	He will not get up until five days after judgment day.
1015	Yoobaa! Khalil Rahmaan!
	When Sanka Mijjaa arrived,
	He woke up Kelefaa.
	He said to him: "Wake up and go let the sheep out."
	The prince pulled the blanket from his head.
1020	He looked at Sanka Mijjaa and put the blanket back.
	Sanka Mijjaa left.
	He is Sanka Nanki's son.
	Sanka Nanki named his son after his father, the great Sanka.
	Kelefaa's son was named Sanka Mijjaa.
1025	Sanka Mijjaa came back one more time and asked about him.
	He said: "Kelefaa didn't let the sheep out?"
	The children told him: "He's still sleeping."
	He went to wake the prince.
	The prince rolled the blanket from his head.
1030	The prince looked at him and pulled it back over his head.
	He told him: "I am going now.
	"If I return one more time
	"And I find you still sleeping in here,
	"I am going to punish you in a way that will be harsher."
1035	The prince Balaamang was still in bed!
	When Sanka Mijjaa returned the third time, he hit Kelefaa.
	Kelefaa pulled the blanket off his head.
	He told him: "Don't do that again!"
	He hit him a second time.
1040	Kelefaa told him: "Don't repeat that a third time!"
	The third time he hit him, Kelefaa threw off the blanket.
	They stood up against each other.
	The other showed him his back and while leaving,
	He said: "If he was a man, he would get his revenge."
1045	Kelefaa seized his sword and struck him on the nape of his neck.
	They went out the door together.
	He took him outside and brought him down.
	He raised the sword to cut off his head;
	People decided to intervene immediately.
1050	The screams were rising from everywhere.
	The people of Badoora exclaimed:
	"The laundry will be dry today.
	"Sanka loves everything that Kelefaa does.
	"But today, Kelefaa intends to kill Sanka Nanki's own son.

1055 Ŋa a juubéé i be laa la ñaamiŋ.
Ye wó kiilaa kii Sànka Nànki ye, Maaribantaŋ.
Cóócóo kumata saatewóo to.
Sànka naata, a ko, muŋ nom, a ko, muŋ nom?
I ko a ye, Kelefaa fele, a pareeta i diŋóo faa la, Sànka Mijjaa.
1060 A ye ñininkaaróo ke, a ko,
I tawuta le.
Fo kunuŋ ŋ'maŋ a fo al ye le
Móo kana Kelefaa kuniŋ kàntaróo la?
Kelefaa te saa kàntóo ke la koteke jaŋ niŋ a be faa la.
1065 A ko, al a samba al ye taa a jaara!
Saate móol béé ka kiliŋ kiliŋ yóósa ñóo koto.
I ko, ali ŋa Kelefaa tu jéé!
Kelefaa ye kuu wóo kuu ke, wó le diyaata Sànka ye.
Ñancóo bi jéé, a muruuta a la Mansakoloŋ
1070 A niŋ a la móólu koteke.
Niŋ i be kàccaa la, a ko i ye, ŋ'te Kelefaa Saane,
Ŋ'te le be Badóóra tóo bóndi la Badóóra Birikaama,
Ŋ'te le be Maryaama Nànki tóo bóndi la,
Ŋ'te le be Sànka Nànki tóo bóndi la.
1075 Bari ŋ'te Kelefaa Saane, ŋ'na baluuwóo kono,
Maŋ silaŋ saayaa la.
A ko wó fo a kafuñóol ye, a fulaŋóol ye.
Wó tumóo, a taata a ye sanji muwaŋ soto.
Kaatu folonto móol mu ka taa juuna kuyaŋóo to.
1080 Luŋ kiliŋ, a naata, a lóóta a baamaa kuntó.
A ko a ye, ŋ'na!
A ko a ye, naamu!
A ko a ye ŋ'na baluuwóo kono, kuu kiliŋ wó le ye ŋ'miira.

A ko a ye, muŋ nom?
1085 A ko a ye, maŋ ŋ'faamaa je.
Fo a finta, fo a koyta,
Fo a jaŋayaata, fo a sutiyaata,
Fo a fatiyaata, fo a maŋ fatiyaa,
Fo a ka bóri kééwóol ma le,
1090 Fo a bu ka bóri kééwóol ma ŋ'maŋ a loŋ.
A ko a ye, wó ye ŋ'jaakali ŋ'na baluuwóo to baake.

A ko a ye, i faamaa mu kéé fatii baa le.
A nenemaŋ bóri a ñoŋ kééwóo ma.
A ko a ye, Kelefaa, i faamaa mu kéé ñimmaa baa le ti.

1055	"Let's see how he's going to settle their dispute."
	They sent someone to find Sanka at Maaribantang.
	The clamoring rose from everywhere in the village.
	Sanka arrived and said: "What's wrong? What's wrong?"
	They told him: "Kelefaa is about to kill your son, Sanka Mijjaa."
1060	He inquired about the affair and said to him:
	"You did this deliberately.
	"Didn't I tell you yesterday
	"That no one should wake Kelefaa to care for the sheep?
	"Kelefaa no longer watches the sheep for the rest of his life."
1065	He said: "Take him away and nurse him."
	The villagers shrunk away one by one,
	Telling each other: "Let us leave Kelefaa alone.
	"Sanka loves everything Kelefaa does."
	Some time later, the prince returned to Mansakolong
1070	Again with his companions.
	While chatting, he told them: "I, Kelefaa Saane,
	"Am going to spread the name of Badoora Birikaama.
	"I am going to spread the name of Maryaama Nanki.
	"I am going to spread the name of Sanka Nanki.
1075	"And I, Kelefaa Saane, in all my lifetime,
	"Have never been afraid of death."
	He used to say that to his companions.
	At the time, he was twenty years old.
	And people then were not circumcised early.
1080	One day, he stood up next to his mother.
	He said to her: "Mother!"
	She said: "Yes!"
	He told her: "There is only one thing that intrigues me in all my life."
	She said to him: "And what is it?"
1085	He told her: "I have not seen my father.
	"Whether he was dark or light,
	"Whether he was tall or short,
	"Whether he was brave or cowardly.
	"Whether he fled from men
1090	"Or he challenged them, I don't know."
	He told her: "This has bothered me very much throughout my whole life."
	She told him: "Your father was a very brave man.
	"He never fled from his enemies."
	She added: "Your father was a handsome man, Kelefaa."

1095 A ko a ye, ŋ'na!
A ko a ye, naamu!
A ko a ye, ŋ'te faamaa niŋ ite faamaa
Jumaa le fatiyaata?
Wó ko a ye, ite faamaa niŋ ŋ'te faamaa
1100 I be wó le laa la?
A ko a ye, ŋ'na ŋ'ko faa maŋ fisiyaa faa ti.
Wó ko a ye, niŋ i maŋ bó ŋ'koto!
Ñancóo ye silóo muta a muruuta,
A niŋ a la móol be Mansakoloŋ.
1105 A ko i ye, mbi naa taama la,
Bari ŋ'na wó taamóo mbe fili la.
Bari ŋ'na wó filóo kono, mbe kelóo ke la, kele koleŋ baa.
Kaatu niŋ muŋ mbe beŋ na, i be ŋ'miira la musóo le ti.
Ŋ'te Kelefaa duŋ mu kééwóo le ti.
1110 A ko i ye, wó luŋóo mbe móo jamaa faa la,
Mbe joŋ jamaa soto la.

Balaamaŋ! Sontombure niŋ Ñaaliŋ Jeenuŋ
Tenkiliŋ ŋanaa niŋ kànnii waali
Kamburu Mburuŋ ŋanaa niŋ Kancuŋ Dànnaa
1115 Subóo jankeŋ domolaa
A niŋ dolokaba konkonnaa
Ñancóo ye wó kumóo fo a kafuñóol ye.
A barimmaa naata a kili.
A ko a ye Kelefaa!
1120 A ko a ye, naamu!
A ko a ye, ñinaŋ
Ŋ'lafita al duŋ na kuyaŋóo to.
Bari i bi taa kuyaŋ saróo la Santaleena,
A niŋ Kawuru a niŋ Bijiini.
1125 A ko a ye, bisimila.
Ñancóo naata naa taa wó saróo la.
A naata, a lóóta a baamaa kuntó.
A ko a ye, ŋ'na mbe taama la le,
Mbi taa kuyaŋ saróo la.
1130 A ye a la móol béndi,
A ko i ye, mbi taa taamóo la,
Bari ŋ'na wó taamóo niŋ muruuta naŋ,
Ŋ'te al tara la jaŋ.
Mbe a tara la ye al béé samba.
1135 A la tàmbóo folóófolóo tóo mu Faŋ-loŋ ne ti.

| 1095 | He said: "Mother!"
| | She responded: "Yes!"
| | He asked her: "Between my father and your father,
| | "Who was the bravest?"
| | She said to him: "Your father and my father!
| 1100 | "Now you want to compare?"
| | He told her: "Mother, a father is not better than another father."
| | She told him: "You would do better to move away from me."
| | The prince left.
| | He was with his friends at Mansakolong.
| 1105 | He told them: "I intend to travel.
| | "But during this journey, I will get lost.
| | "During that time, I will engage in a tough battle
| | "Because those whom I confront will take me for a woman,
| | "And I, Kelefaa, am a real man."
| 1110 | He told them: "On that day, I will kill many men.
| | "I will have many slaves."

        Balaamang! Sontombure and Ñaaling Jeenung.
        The one-palm-tree-warrior and the old brave soldiers.
        The brave Kamburu Mburung and Kanchung Dannaa.
1115   The good-flesh-eater
        And the wine-bottle-shaker.

| | The prince reported this to his companions.
| | One day, his uncle called him.
| | He told him: "Kelefaa!"
| 1120 | Kelefaa said: "Yes!"
| | He told him: "This year,
| | "I would like for you to enter the circumcision camp.
| | "But before that, you must go tell this news at Santaleena,
| | "Kawuru, and Bijiini."
| 1125 | He replied: "All right."
| | The prince went out to announce the news.
| | He went and stood before his mother.
| | He told her: "Mother, I am leaving.
| | "I am going to announce the news of my circumcision."
| 1130 | He gathered his friends
| | And told them: "I am traveling,
| | "But when I return from my trip
| | "I will not find you here.
| | "You will all have been taken away."
| 1135 | Fang-long is the name of his first dagger.

A faŋóo le ye wó tunkaŋ a faŋ ye.
A ko, a niŋ móo móo benta
I ka i faŋóo loŋ ne.
Ñancóo ye a paree,
1140 A ye a la suuwóo siti, a ye silóo muta.
A taata, a bota Badóóra saatewóo kono.
A dunta biriŋóo kono doroŋ,
Tafala, a filita wulóo kono.
A bota daamiŋ a maŋ a loŋ,
1145 A bi taa daamiŋ a maŋ a loŋ.
Ñancóo niŋ suuwóo taamata wó wulóo kono,
A taamata wó wulóo kono fo suuwóo kuuta.
A bota daamiŋ a maŋ jéé loŋ
A bi taa daamiŋ a maŋ jéé loŋ.
1150 Biriŋ suuwóo kuuta, a naata yirisuŋ baa je,
Dóol ko santaŋóo,
Dóol ko jalóo.
A ko, batu ŋa taa
Ŋa suuwóo firiŋ ŋa a siti ñiŋ yiróo koto,
1155 Ŋa sele ñiŋ yiróo santo, ŋa sii jéé.
Niŋ fanóo keta fo tumandóo ŋ'si naa silóo je.
A naata, a ye suuwóo firiŋ,
A ye a la kidóo sembendi,
A ye a la tàmbóo sembendi,
1160 A ye a la sakalaŋóo landi,
A ye kirike firiŋ suuwóo bala,
A naata, a ye a bulóo laa yiróo bala.
A ko a be sele la,
A ko, bari niŋ ŋ'seleta,
1165 Móol bi naa fo la ŋ'silanta saayaa le la;
Wó le ye ŋ'selendi yiróo santo.
A ye a la kirike sembendi yirisuŋ baa bala,
A ye a la kóo sembe a la, a siita.
Ñancóo be wó siwóo to, a be wó siwóo to.
1170 Suutóo duwóo be talaa la, jaŋ na maŋ siyaa jaŋ na ti,
Suluuwóol naata, ye a kaduu.
Suluuwóol ye mañeeróo fasoŋóo béé ke.
Ñancóo be siiriŋ a be i juubéé la.
A ko suluuwóol, suluuwóol!
1175 Suluuwóol kono jumaa lom kéébaa ti?
Suluu kéébaa naata,
A naata i jonkoto a ñaatiliŋóo la.
A ko a ye, al la ñiŋ maañaa maŋ ŋ'te kijóo fara,

He forged it himself.
He said that each time you meet your adversary,
You must know yourself.
The prince got himself ready;
1140　He saddled his horse and began his journey.
He crossed the border out of Badoora.
He entered the forest.
As he penetrated the forest farther, he became lost.
He could no longer see his path behind him.
1145　He knew even less where he was headed.
The prince rode his horse farther into the forest.
He rode his horse farther into the forest until nightfall.
He didn't know where he was coming from;
He didn't know where he was going.
1150　At nightfall, he saw a large tree.
Some say it was a copal tree.
Others, a mahogany tree.
He told himself: "Let me go.
"Unsaddle the horse and then tie it to this tree,
1155　"Climb up the tree and stay there.
"Perhaps in the morning, I will be able to find my way."
He unsaddled the horse.
He leaned his gun.
He leaned his knife.
1160　He put down his sword
And unfastened the mount.
He placed his hand against the tree
With the intention of climbing.
"But," he told himself, "if I climb up,
1165　"People will think that I am afraid of dying.
"That is why I have climbed the tree."
He placed his saddle against the giant tree,
He seated himself and put his head down.
The prince stayed seated for a long time.
1170　In the middle of that dark night,
Hyenas came and surrounded him.
They presented an incredible act.
The prince stayed seated and watched.
He said: "Hyenas, hyenas!
1175　"Who among you is the chief of this pack?"
The top hyena presented herself.
She bowed in front of him.
He told her: "Your spectacle did not frighten me;

A maŋ bó ŋ'nóo to.
1180 Muna al ye xaajóo soto le.
Al taa suuwóo kono fo al si taa baa soto
Al be muŋ domo la.
Ŋ'te Kelefaa suluu te ŋ'te domo nóo la.
Aduŋ al la ñiŋ maañaa béé maŋ ŋ'silaŋ.
1185 Suluuwóo ko a ye saddakita!
A ko a ye, Kelefaa ye tooñaa fo.
Ŋ'naata i juubéé le i ka muŋ fo i fulaŋóol ye.
I ko i maŋ silaŋ saayaa la.
Ŋ'naata i juubéé wó le la.
1190 Bari tooñaa lom, i maŋ silaŋ saayaa la.
Bari mbe feŋ saba dii la i la.
Wó feŋ sabóo diiriŋ koolaa,
Ŋ'tel suluuwóol bi naa ŋ'faŋ karafa la i ma.
Kaatu ite Kelefaa bi naa ŋ'tel domorondi la subu jamaa le la.
1195 Feŋóo folóófolóo suluuwóo ye muŋ ne dii a la,
A ye fànkaasóo bóndi a ye a dii a la.
A ye fatartafu saba bóndi
A ye a dii Kelefaa la.
A ye baakotoŋ binóo bóndi a ye a dii Kelefaa la.
1200 Baakotoŋ binóo, móol naata a lasilóo soto le

Biriŋ Kelefaa faata.
I ka a fo wó le ye Kamaleŋ binóo.
A ko a ye, Kelefaa!
A ko a ye, naamu!
1205 A ko a ye, i la baluuwóo koŋo,
Kuu wóo kuu niŋ ye a ke dunyaa a si'i wati.
Bari niŋ waatóo siita de maŋ kuu nóo wó to,
Bari i la baluuwóo kono,
Kuu wóo kuu niŋ ye a ke a si'i wati.
1210 Ŋ'tel suluuwóol ŋa ŋ'faŋ karafa i ma,
Kaatu luŋ bi naa sii la,
I be ŋ'tel domorondi la subu jamaa la.
Suluuwóol janjanta.
Ñancóo tuta jéé fo sewuraaseel kumata, subaa
    wuyaŋwuyaŋóo.
1215 Fanóo keta, a ye a la suuwóo siti fo a jaata.
Wó tumóo Foreyaa Fulóol ka bó naŋ Foreyaa bànkóo kaŋ.
I ka naa Badóóra Birikaama bànkóo kaŋ.
I ka bitiŋ bitiŋóo ke silóo kaŋ.
Niŋ ye Màndinka dindiŋóol je,

"It did not make me move an inch.
1180 "I see that you have too much time to waste.
"Return home to find a goat
"That you can then eat.
"I, Kelefaa, refuse to let a hyena devour me.
"Besides, I do not fear any of your movements."
1185 The hyena said to him: "*Saddakita!*"
She added: "You are right, Kelefaa.
"We wanted to confirm what you said to your friends.
"You said that you did not fear death.
"We came to test such a statement.
1190 "But it is true that you do not fear death.
"For this, I will give you three things.
"Beside these three things,
"We, the hyenas, would like to put you in charge of us,
"Since it is you who will have us eat a lot of meat."
1195 What did the hyena give him first?
She got out a snail shell and gave it to him.
She got out a piece of fabric made up of three knots
And gave it to Kelefaa.
She got out a billy goat's horn and gave it to Kelefaa.
1200 Men were able to find the secret surrounding this billy
    goat's horn
Only after Kelefaa's death.
It's what is called the horn of Kamaleng.
She said: "Kelefaa!"
He replied: "Yes!"
1205 She said to him: "In your lifetime
"All the things that you do will be in your favor.
"But when the time comes we will be powerless against fate.
"However, in your lifetime,
"All the things that you do in this world will be good.
1210 "We the hyenas will be entrusted to you,
"Because one day will come when
"You will have us eat a lot of meat."
The hyenas disappeared.
The prince stayed there until the starlings announced
    the dawn.
1215 In the early morning, he attached the strap of the saddle.
Meanwhile, the Fulas of Foreyaa used to leave their territory.
They would infiltrate into the kingdom of Badoora Birikaama.
They would set up traps along the road.
When they saw Mandinka children,

1220 I ka i muta, i ka taa i ke joŋóol ti
      Wareŋ ye taa i saŋ kidimunkóo ti.
      Wó Fulóol fanaŋ ye làññaa laa.
      Kelefaa naata bula wó làññaa kono.
      A tàmbita sàppa folóo la,
1225 A be futa la teemankóol ma.
      A maŋ futa ñaa labannankóol ma,
      Fulakéé kiliŋ wilita.
      A ko, *mixebbi maccudo!*
      A ko, *mixebbi maccudo!*
1230 Ñancóo ŋamañita suuwóo kaŋ a ye a juubéé.

      A ko a ye, *min wanaa maccudo.*
      Ko baabamaa ko maccudo,
      Ko nennemaa ko maccudo,
      Min wanaa maccudo.
1235 A ko a ye, i baamaa lom joŋóo ti a niŋ i faamaa.

      Ŋ'te maŋ ke joŋ ti.
      A ko a ye, ite dindiŋ i niŋ jumaa le be silóo kaŋ?

      A ko a ye, ŋ'niŋ i baamaa a niŋ i faamaa.
      A ko a ye, bari ite maŋ kuluu.
1240 A ko a ye, ŋ'te la kuluubaliyaa ite maŋ ñànna wó fo la.
      I baamaa niŋ faamaa ñanta wó fo la.
      Kaatu ŋ'niŋ wól le bi taa la kuyaŋ kiliŋ.
      Fulóo wuurta.
      Koomankóol wilita naŋ.
1245 Ñaatonkóol wilita naŋ.
      A be i teema.
      Fulóol naata, ye a kaduu.
      Ñancóo be siiriŋ suuwóo kaŋ, a be i juubéé la.

      Balaamaŋ! Tenkiliŋ ŋanaa niŋ kànnii waali

1250 Niŋ ye a móy ye a béé loŋ,
      Ye a béé le fo i ñaa la.
      Tiyóo diyaata dabóo koto ye kuŋóo le taa mu.

      Juufitaraŋ kolomóo jamaa niŋ ye a je laariŋ buwóo kaŋ
      A naañaa maŋ ñiiñaa,
1255 A farlóo mu saba le ti.
      A be tàmbi la sabóo la

1220	They would capture them to make them slaves
	Or trade them for gunpowder.
	The Fulas set up their trap,
	And Kelefaa fell into this trap.
	He passed the first group.
1225	He was as far as the second group.
	Before he reached the last group,
	A Fula warrior rose.
	He shouted: "I caught a slave!"
	He shouted: "I caught a slave!"
1230	The prince, seated on his saddle, turned his head and gave him a look.
	He said: "I am not a slave.
	"Your father is a slave.
	"Your mother is a slave.
	"I am not a slave." [*Fula translation*]
1235	Kelefaa told him: "It is your mother and father who are slaves.
	"I am not a slave."
	The man asked Kelefaa: "With whom are you on your path, young man?"
	He replied: "With your mother and your father."
	The man responded: "O, but aren't you a rude one?!"
1240	Kelefaa said: "It is not for you to judge my rudeness.
	"Your mother and father are entitled to do so,
	"Since I will be at the circumcision camp with them."
	The Fula cried out.
	Those in the rearguard stood up
1245	Those in the vanguard stood up.
	He was in the middle.
	The Fulas surrounded him.
	The prince was seated on the saddle, watching them.

        Balaamang! The one-palm-tree-warrior and the old brave soldiers.
1250   When you are heard saying: "I know everything,"
        It's because everything was said in your presence.
        The armpits like to grow hair, but it really belongs to the head.
        When you see twigs piled up on excrement,
        It means that the defecation was difficult.
1255   In general, it happens in three movements.
        When it surpasses three movements,

Juudaa be nóo la,
Juudaa be nóo la,
Kolomandiŋ katóo be siyaa la.
1260 Buu kéélaa duŋ niŋ ye a je duwaforo taamóo la,
Niŋ a kotóo maŋ faa, a kolomóo ye a dasa

Waraŋ fitóo sóóta a bulu.
Jalóo be nafaa le nóo ma.
Dindiŋóo be nafaa le nóo ma.
1265 Musóo be nafaa le nóo ma.
Nafaa te kuuwóo muŋ to barakóo ti jéé.
Barakóo xani niŋ a bóta ñóo to,
Màndinkóol ka a fo wó le ye totoñaa.
Ate futuuyaa nóo la,
1270 Ate daabereyaa nóo la.
A bóo niŋ a la bóóbaliyaa a maŋ feŋ nafaa
Bànnaa diŋóo Suufule Jiité.
Daraame musóo kéé, mbe kàccaa la i ye bii.

Naamusóo maŋ xaañiŋ i ñaa
1275 *Way yee musóo miŋ ye kelefaa faa*
Naamusóo maŋ xaañiŋ i ñaa

Jiité Bànnaa! Kebe Jakaraasi!
Muxàmmadu ibnu Abdulaaxi,
Abdulaaxi ibnu Abdul Muntalabi,
1280 Abdul Muntalabi bun Xaasimi,
Xaasimi bun Kuséyi,
Kuséyi bun Kilaabu,
Kilaabu bun Mardatan,
Mardatan bun Kaabu,
1285 Kaabu bun Luwéyi,
Luwéyi bun Kaalidi,
Kaalidi bun Kanaanata,
Kanaanata bun Kujeemata,
Kujeemata bun Mudrikata,
1290 Mudrikata bun Ilyaasa,
Ilyaasa bun Maaju,
Maaju bun Addinaani,
Addinaani bun Màkkaama,
Màkkaama bun Aasiriina,
1295 Aasiriina bun Yaarikun.
Tiiñaŋ kiliŋ karannaa niŋ a ye duwaa bó ye
Fiŋ ne bi jéé, baraka ti jéé.

	The anus can become very dirty,
	The anus can be very dirty.
	One must resort to using more twigs.
1260	When you see a defecator waddle like a vulture,
	If he hasn't filled the behind, it means he is short of twigs;
	If not, the leaf mould that he formed has disintegrated.
	The *jali* is in pursuit of his interest.
	The child is in pursuit of his interest.
1265	The woman is in pursuit of her interest.
	Only the output can be measured in value.
	When the millet loses its usefulness,
	The Mandinka call it eye of the toad.
	It can neither serve in making couscous,
1270	Nor in making porridge.
	Whether the grain comes out or not, it will have no use.
	O Suufule Jiite, son of Bannaa,
	Spouse of lady Daraame, I will speak to you today.

I fear you, Naamusoo.
1275 *Ah, the woman who killed Kelefaa.*
Naamusoo, I fear you.

	Jiite Bannaa! Kebe Jakaraasi!
	Muhammad is the son of Abdalaa,
	Abdalaa is the son of Abdul Muntalabi,
1280	Abdul Muntalabi is the son of Haasimi,
	Haasimi is the son of Kuseyi,
	Kuseyi is the son of Kilaab,
	Kilaab is the son of Mardatan,
	Mardatan is the son of Kaabu,
1285	Kaabu is the son of Luweyi,
	Luweyi is the son of Kaalidi,
	Kaalidi is the son of Kunaanata,
	Kunaanata is the son of Kujeemata,
	Kujeemata is the son of Mudrikata,
1290	Mudrikata is the son of Ilyaasa,
	Ilyaasa is the son of Maaju,
	Maaju is the son of Adnaani,
	Adnaani is the son of Makaama,
	Makaama is the son of Aasirina,
1295	Aasirina is the son of Yaarikun.
	The benedictions of an amateur theologian
	Do not bear any merit whatsoever.

Wó le ka a fo musóol ye,
Al naa naŋ. Wuluu bóóróo be mbulu,
1300 Bari sitajulu ka bó afaŋ ne bala.

Niŋ i bi naa i si'i naa siimaŋ koolaa.
A si a tara ate taalibóo ye a wuraŋ ko ñóóbajóo.

Niŋ ite musóo futata
Ye i janjaŋ ko tiyatuŋóo.
1305 Niŋ wól benta daamiŋ,
Seytaan la baara ka ke wó le to.
Wól siifaa niŋ i naata Dakaar,
Julóo ka kuntu iti le.
Labaŋóo wól ka taa maneebaryaa la.
1310 Jiité Bànnaa! Kebe Jakaraasi!
Fulóol la ñaatonkóo, i la kelóo seneraalóo, naata.
I ko a ye, ŋa joŋóo soto.
Ñaatonkóo ye Kelefaa juubéé biriŋ duuma fo santo.
A ko i ye ko, ŋ'ka Màndinka dindiŋóo muŋ kibaaróo móy
1315 Badóóra Birikaama, wó lom ñiŋ ti.
Ali ŋa ñiŋ bula a ye taa.
Kelefaa ko i ye, ŋ'ko al maŋ ŋ'te muta.
Mbe al batu la niŋ al ye kele.
Ŋ'te niŋ Fula mu ka diyaamu de.
1320 Mbe dééwóo muntó
Mbe al batu la niŋ al ye kele.
Fulakéé kiliŋ ko a ye ko, ite ko ŋa ñiŋ bula.
Biriŋ ŋ'tel bota mansakééwóo fééjéé, bii lom tili saba ti
Mbe ñiŋ wulaŋóo kono,
1325 Maŋ joŋ soto.
Ŋa joŋ kiliŋóo muŋ soto i ko ŋa a bula.
Mbe a bula la kaŋ jumaa le kaŋ?
Ala le ye i ke ñaatonkóo ti,
Bari i la kééyaa maŋ siyaa ŋ'te ti.
1330 Mbe ñiŋ bula la kaŋ jumaa le kaŋ?
Niŋ futata mbeŋ dàntee la mansakééwóo la ñaadiŋ?
Suuta saba ŋ'tel be ñiŋ wulaŋóo kono
Maŋ joŋ soto, fo ñiŋ joŋ kiliŋ
I ko ŋa a bula.
1335 A ko i ye, aduŋ ŋa muŋ korosi ñiŋ to,
Niŋ al ye a loŋ a to wàllaaxi al te ñiŋ muta la.
Kelefaa ko i ye ko, muna al maŋ ŋ'muta.

It's the kind of men who often say to women:
"Come and see me. I have the birth medication.
1300 "However, the fibers of the baobab come off the tree itself.
"Make sure to come after dinner."
That gives the opportunity for the disciple to be stark naked.
And you, the woman, when you arrive at his home,
There you are stretched out like a nut mat.
1305 The meeting of these two beings
Can do nothing but invoke the devil's spell.
When people like these come to Dakar,
They will lose all of their mystic power.
In the end, they will be recruited as unskilled workers.
1310 Jiite Bannaa! Kebe Jakaraasi!
The commander of the Fulas, their general, arrived.
They told him: "We have captured a slave."
The general looked Kelefaa over from head to toe.
He said to them: "The young Mandinka, of whom we've heard
1315 "In Badoora Birikaama, that's him.
"Let us allow him to continue on his way."
Kelefaa said to them: "You did not catch me.
"I am waiting for us to fight.
"I do not talk to a Fula.
1320 "The reason why I am quiet . . .
"I am waiting for you to decide to fight me." [*laughter*]
A Fula warrior said: "You are asking for us to let him go.
"It has now been three days since we left the king,
"And since then we have been in this forest
1325 "Without any slave.
"We just caught a slave, and you want us to let him go.
"Why must we free him?
"It is God that chose you as our commander,
"But you are not more courageous than I.
1330 "I ask again, why should we free him?
"How will we justify our actions to the king when we return?
"We have been wandering in this forest for three nights
"Without any slave but this one
"And you are asking us to free him."
1335 He said to them: "Ah, if you knew what I saw in him,
"I swear that you wouldn't make him a slave."
Kelefaa said to him: "I repeat that I am not under your control.

Ŋ'ka al lammóy le ŋ'niŋ al ye kele.
Fulakéé kiliŋ ko, ŋ'niŋ jumaa le be kele la,
1340 Ñiŋ dindiŋóo?
A ko i ye mbe ñiŋ muta la a suuwóo kaŋ,
Ŋa a jindi a bulukaŋóo la.
Xani al maŋ i paree ñiŋ kaŋ.
Fulakéé kidita ñancóo kaŋ.
1345 A ye a kuŋ baa niŋ a kaŋ baa talaa.
A ye a la faŋóo fita suuwóo juu kunkuŋóo la,
A ye a sey a laa kono.
A ko, ali i paree ŋ'niŋ al ye kele.
I be wó paree la, i ko,
1350 Muna ŋ'duŋ ŋ'ka paree ñiŋ dindiŋ kiliŋóo kaŋ ma?
I la ñaatonkóo ko, ali i paree niŋ al be i paree la.

Bii mbe kele ke la biriŋ mbaamaal ye ŋ'wuluu,

Ŋ'nenemaŋ wó ñoŋ kelóo ke.
Ñancóo be siiriŋ suuwóo kaŋ a be i lammóy la.
1355 Fulóol ye i paree tembóo miŋ na,
[I pareeta] i niŋ ñancóo dunta ñóo la.
A ye móo tanwoorowula móo saba faa.
A ye móo woorowula muta a ye wól siti.
Fulóol bórita.
1360 A muruuta naŋ, a maŋ duŋ Badóóra.
A tambita, a taata Bajeeba.
Wó tumóo bitikóol be Bajeeba le.
A taata wó Fulakéé woorowulóo waafi jéé.
Fulóol taata,
1365 I bi naa futa la mansakééwóo ma.
I la ñaatonkóo ye i kumandi.
A ko i ye ko, ŋa muŋ fo al ye, al ma ŋ'na kumóo móy.
Biriŋ mbaal ye ŋ'wuluu, ŋa kelóo ke bii,
Ŋ'nenemaŋ wó ñoŋ ke.
1370 A fele Fulakendóo béé kasaarata ñiŋ ñaamóo kono.
Bari a fele mbi taa mansakééwóo kaŋ.
Niŋ ŋ'taata ŋ'si ñiŋ yitandi mansakééwóo la,
Ko niŋ kelelàññaa le benta wulóo kono.
Móo jamaa kasaarata jéé.
1375 I ko a ye, bisimilaay.
Màndinkóol ko farabóo, niŋ i bi naa samba la

A fo a ñaa la.

"I am patiently waiting for us to fight."
A Fula warrior said: "With whom are we going to fight?
1340 "With this child?"
He added: "I'm going to grab him on his horse.
"I am going to make him fall by his wrist.
"There's no reason for you to worry about him."
The Fula rushed toward the prince.
1345 Kelefaa sliced the Fula's big head from his big neck.
He wiped his sword on his horse's tail
And put it back in the sheath.
He said to them: "Prepare to fight me."
As they prepared to fight, they said:
1350 "But it is true that we are only preparing to fight that young man."
Their commander said to them: "Be ready, if you should be ready!
"Today we are going to have a fight. Since our parents put us on earth,
"We have not seen such a battle."
The prince was sitting on his horse and listening to them.
1355 After the Fulas got ready,
They began to battle with the prince.
He killed seventy-three people.
He caught seven of them and tied them up.
The Fulas fled.
1360 He turned back to his path, but he did not enter Badoora.
He went past it to go to Bajeeba.
At that time trading was done at Bajeeba.
He went there to sell the seven Fula men.
The Fulas went back their way.
1365 As soon as they got near the home of the king,
The commander gave them some advice.
He said to them: "You have chosen to ignore my warnings.
"Today we fought a battle the likes of which
"We had never experienced.
1370 "And that is how all of the Fulas died in this forest.
"Now we are going to see the king.
"Once we arrive, we will tell him
"That we were the victims of an ambush in the forest.
"Many men died on the battlefield."
1375 They said: "All right."
The Mandinka people state: "If you should deliver it with the shoemaker,
"Say it in his presence."

Fula karankéé be wó beŋóo to.
I sumanta saatewóo la,
1380 A ye suuwóo sóo.
A naata mansakééwóo kaŋ.
A ko a ye, ŋ'tel bi naato,
Bari kelóo tiñaata mbulu wulóo kono.
Ŋ'niŋ Màndinka dindiŋ kiliŋ ne benta ñiŋ wulaŋóo kono.
1385 A ye Fula foróo béé baŋ faa la le.
Bari ŋ'na ñaatonkóo ko niŋ ŋ'naata ŋ'kana wó fo ye ko.
Bari a ye baŋ ŋ'faa la le.
A maŋ mee ñaatonkóo niŋ a la kafóo naata.
Dóol be baramariŋ dóol faata.
1390 A naata ye ñóo kontoŋ.
A ko a ye, kelóo tiñaata ŋ'tel bulu wulóo kono.
Ŋ'niŋ kelelàññaa le benta wulóo kono.
Móo jamaa faata, dóol baramata.
A ko a ye, ñiŋ ñaatonka wulóo maŋ a soto.

1395 A ko a ye, farabóo ko al niŋ Màndinka dindiŋ kiliŋ,
Al niŋ wó le benta ñiŋ wulaŋóo kono.
Wó le ye Fulakendóo béé baŋ faa la
Ite bulu ñiŋ wulaŋóo kono.
Bari mbe ite faa la le.
1400 Ite maŋ ke ñaatonka barakamaa ti.
A ko a ye, ŋ'te mu Fula foróo le ti.
Maŋ silaŋ saayaa la.
Bari i la ŋ'faa maŋ balaŋ wó la.
Bari niŋ i ye ŋ'faa, wàllaaxi xani niŋ mbe kaburóo kono,
1405 Keraŋóo bi naa fo la ŋ'ñe dinkóo kono,
Ñiŋ dindiŋóo be i kele la,
Ate wó kelóo ke Fula la Fuladu jaŋ.
A ko a ye, ŋ'faa.
Mansakééwóo ye a la ñaatonkóo faa.
1410 A ye prepaaree ke.
Fula mansakééwóo fanaŋ mu kéé kende baa le.
A ye prepaaree ke, a ye Badóóra Birikaama waliŋ.
A futata, a ye a tara kééwóo béé be daakaa to.
A dunta saatewóo kono,
1415 A ye musóol niŋ dindiŋóol, Kelefaa la fulaŋóol béé muta,
A ye i samba Foreyaa.
Wó tumóo ñancóo be daakaariŋ Bajeeba.
A be dolo miŋóo la jéé
[A niŋ] a ye wó móo woorowulóo waafi.

	Now, the shoemaker was in the group.
	As soon as they were near the village,
1380	He spurred his horse on.
	He arrived at the king's home.
	He said to him: "We have just returned,
	"But we lost a battle in the forest.
	"We only met one Mandinka boy in the forest,
1385	"And he killed all of the Fulas.
	"Our commander has forbidden us to say so,
	"But he killed very many of us."
	Soon after, the commander arrived with his squadron.
	Some were wounded and others were dead.
1390	He bowed to the king.
	He said to him: "We lost the battle in the forest.
	"We were the victims of an ambush in the forest.
	"Many men died there, many others were wounded."
	The king said to him: "I have never had such a lying commander."
1395	He added: "The shoemaker told me that it was one Mandinka boy.
	"He is the one you met in the forest.
	"He is the one who killed all of the Fulas
	"With whom you were in the forest.
	"But I am going to kill you.
1400	"You are not worthy to be a commander of a squadron."
	The commander responded: "I am a Fulaforoo.
	"I do not fear death.
	"I do not object to your decision to kill me.
	"But, if you kill me, I swear that even if I am in my tomb,
1405	"The squirrel will bring me news in there.
	"This boy will fight you,
	"A fight he will not engage in with a Fula here in Fuladu."
	"Kill me!" he said.
	The king had his commander killed.
1410	He got ready.
	The Fula king was also a very witty man.
	As soon as he was ready, he made his way to Badoora Birikaama.
	There he found that all of the men were in the forest.
	He infiltrated into the town.
1415	He kidnapped all of the women and children, Kelefaa's friends,
	And brought them back to Foreyaa.
	At the time, the prince was in Bajeeba.
	He was drinking the wine
	That he had traded for his seven slaves.

1420 Wuraaróo siita, a pareeta.
Ñancóo ye a miŋ fo a ñaa wuleeta.
Sànka Nànki la móol naata.
Ye wó kiila kii wulóo kono.
Kééwóol naata ye Fulóol bayndi Foreyaa.
1425 A ye i bay naŋ.
Sànka Nànki ko feŋ maŋ atel bay fo Fulóo.
Ali ŋ'na suuwóo siti!
Ŋ'te Sànka mu muŋ ti Badóóra Birikaama,
Bii al be wó loŋ na le.
1430 I be Sànka la suuwóo siti la, ñancóo futata.
A ko a ye, mbariŋ muŋ nom?
A ko a ye, i niŋ Fulóo muŋ keleta,
A naata bóy jaŋ ŋ'kaŋ,
A ye a tara móol béé be wulóo kono.
1435 Ye a bayndi bari a ye i bay naŋ ne.
Ŋa ŋ'na suuwóo siti, mbi taa Fulóo kaŋ ma.
Ŋ'te mu muŋ ti Badóórankóol be a loŋ na.
A ko a ye, mbariŋ a maŋ i la taa sii.
A ko a ye, a tu jéé.
1440 A ko a ye, ñiŋ Fulóo mbi taa la, mbe a samba la naŋ

A niŋ ŋ'na móol a niŋ a la móol béé.
Bari ŋ'te a ke la joŋ ti de.
Niŋ ŋ'futata somondaa la, i be kontoŋóo tabi la a ye.

A ye kontoŋ. Wuraaróo ye a bula
1445 A ye sey Fuladu.
Ate le bi taa ŋ'kibaaróo fo la Fulóol ye.
Ninduŋ ŋ'naata wuraaróo la, a be i laa la,
Ye siimaaŋóo tabi a ye, a ye daasooma,
Fanóo ye ke ye a bula,
1450 A si taa ŋ'kibaaróo fo Fuladu.
Móol kumaaseeta a purcóo la.
I ko, ñiŋ mu ka mallu.
Kelefaa, i faamaa fulaŋóol niŋ i bariŋóol fulaŋóol
Niŋ i kotóol fulaŋóol taata ñiŋ Fulóo kaŋ ma,
1455 Kelejóóraŋóo muŋ be ñiŋ Fulóo bulu,
Móo muŋ be a bulu,
A ye ñancóol bay naŋ, a ye kóóriŋóol bay naŋ;
Ite malbalimaa, i te ko
Ite le bi taa wó nóo ma?
1460 Ñiŋ ne mu ko a faŋóo je.

1420	Night fell, and he prepared to return.
	He had drunk so much that his eyes were all red.
	Sanka Nanki's men returned.
	They sent an emissary into the forest.
	The men arrived and then followed the Fulas to Foreyaa.
1425	The king sent them away.
	Sanka Nanki said: "It was only a Fula that pushed you back?
	"Saddle my horse!
	"What I represent here in Badoora Birikaama,
	"You will learn about it today."
1430	While they were saddling Sanka's ride, the prince appeared.
	Kelefaa asked him: "What is wrong, Uncle?"
	Sanka Nanki answered: "The Fula that you fought,
	"He came to attack us.
	"At the time all the men were in the forest.
1435	"They followed them, but they pushed them back.
	"I am having my horse saddled to attack the Fula.
	"The people of Badoora will know who I am."
	He said: "You do not need to go, Uncle;
	"Let it go!"
1440	Kelefaa said to him: "I will go to the Fula's and I will bring him back,
	"With all of his men and all of my men.
	"But I will not make him a slave at all.
	"If we arrive back here in the morning, you will make him lunch.
	"Be sure that he eats his lunch, and in the evening you free him.
1445	"Let him return to Fuladu.
	"It is he who will deliver my message to the Fulas.
	"If we come back in the evening, allow him to stay the night.
	"You will make him dinner and breakfast,
	"And in the morning you will free him.
1450	"He can go give my message to the Fulas in Fuladu."
	People were starting to doubt him.
	They were saying: "This one is without shame.
	"Kelefaa, your father's friends and your uncle's
	"And your elder siblings' have gone to pursue the Fula
1455	"Who's got an immeasurable cache of weapons.
	"He has plenty of men.
	"He has pushed back the princes and the warriors.
	"And you, the rude one, are saying
	"That you are going to attack him?
1460	"How pretentious you are!"

Wó kumóo be fo la saatewóo kono.
Ñancóo dunta a la bunkono.
A ye a la dolo kabóol jindi, a ye i laa.
A ko a barimmaa ye, i la suuwóo firiŋ.
1465 Xani niŋ i maŋ taa.
Bariŋóo ye a loŋ ne Kelefaa mu muŋ ti.
A ye a la suuwóo firiŋ.
Ñancóo ye i laa fo fanóo keta.
Fanóo keta i si'i naa lóo a la bundaa la.
1470 Muna wó malbalóo muŋ ka a fo
A bi taa Fulóo nóo ma, a le?
I ko, a malbalimaa xay naŋ bunkono.
Ñancóo be laariŋ fo alansaróo siita,
A ye i kuu.
1475 A ye a la suuwóo siti fo a jaata.
A ye a la dolo kabóol taa,
A ye a deŋ a la kirike kuŋ bala,
A ye a la tàmbóo cika, a ye a la faŋóo cika, a ye a la
   kidóo cika,
A naata a lóo a barimmaa kuntó.
1480 A ko a ye, mbariŋ Sànka!
A ko a ye, naamu!
A ko a ye, Fulóo muŋ ye ŋ'faamaa fulaŋóol bay,

A niŋ mbariŋóol fulaŋóol, a niŋ ŋ'kotóol fulaŋóol,
Mbi taa Fulóo kaŋ.
1485 Bari ŋ'te a ke la joŋ ti.
Niŋ somondaa lom, niŋ a futata jaŋ,
I be kontoŋóo tabi la a ye le. A ye kontoŋ.
Wuraaróo ye a bula
A ye taa ŋ'kibaaróo fo Fulóol ye Fuladu.
1490 Niŋ wuraaróo lom ŋ'futata jaŋ, i be siimaŋóo tabi la a ye,
A ye a domo, a kono ye faa.
A ye taa ŋ'kibaaróo fo Fulóol ye Fuladu.
Ñancóo ye daramóo konkondi.
Daramóo ñaato siŋóo be kaburóo siŋ na kom wó be a saaree la.

1495 Ñancóo taata.
A futata Foreyaa saatewóo to fitiróo.
A ye i tara fitir salóo la.
Niŋ i ye sallaa je a maŋ kooma juubéé,
Wó koomóo be tenkundiŋ.
1500 A la kelóo keta móol ñaa la.

They were saying this throughout the village.
The prince went into his room.
He took down his wine bottle and went to bed.
He said to his uncle: "Take the saddle off of your mount.
1465 "You need not tire yourself by going there."
Kelefaa's uncle knew him well.
He unfastened the strap on his horse.
The prince slept until morning.
At the same time, the people were coming to his doorstep.
1470 They said: "Where is the impolite one who said
"He would pursue the Fula? Where is he?"
They replied: "The oaf is in his room."
The prince was still in bed around five o'clock,
And then he took a bath.
1475 He tightened the strap on his horse.
He took the wine bottles.
He hung them on the pommel of his saddle.
He gathered his dagger, his sword, and his rifle.

He went to his uncle.
1480 He said to him: "Uncle Sanka!"
His uncle answered: "Yes!"
The prince said: "The Fula who made my father's companions flee,
"And my uncle's, and elder siblings',
"I am going after the Fula.
1485 "But I will not make him a slave.
"If he arrives here in the morning,
"You must prepare lunch for him. He will eat lunch.
"You will set him free in the evening.
"He will return to Fuladu to deliver my message to the Fulas.
1490 "If we return at night, you must feed him dinner.
"Let him eat until his belly is full.
"He will return to Fuladu to deliver my message to the Fulas."
The prince spurred his white stallion.
With his hooves the stallion stomped as if he wanted to bury the tomb.
1495 The prince went on his way.
He arrived in the village of Foreyaa that evening.
He found them doing their evening prayers.
If you see a person praying without turning his back,
It is because it is quiet in the back.
1500 There were witnesses to his fight.

I be wo fitir salóo la,
Ye daramóo siŋ kaŋóo móy naŋ.
Sallaa ye i ñaa kuruntu duuma la,
Ye Kelefaa je naŋ suuwóo kaŋ. Ye a suutéé.
1505 Muŋ tarata almaamóo kooma, i tambita almaamóo la.
Salóo tiñaata.
Ñancóo naata, a lóóta.
A maŋ soŋ a ye i la salóo kuntu.
Bari wó tumóo dóol ye naafeŋóo laa.
1510 Fo ye salóo kaañaŋ daamiŋ, ye i bàndi.
A ko Fula mansóo ye, a ko a ye, ŋ'naata ite le kaŋ.
Ite, i la móol, bagaasóol Badóóra Birikaama.

Wó ko a ye, ŋ'te?
A ko, xaa!
1515 Ŋ'te?
A ko, xaa!
A ko a ye, mbe kuu ke la ite Màndinka diŋóo la,

Wó be jawyaa la baake.
Ye ñóo taa wól la, ye ñóo taa fo suuwóo kuuta.

1520 A ko a ye ko, ŋ'ko Màndinkóo lom ite ti?
Ite lom Kelefaa ti?
A ko a ye, xaa!
Niŋ i laata i faŋóo la, ñiŋ suutóo niŋ ŋa i muta,
I be a fo la niŋ móol le denta i la.
1525 Mbe laa dulaa dii la i la, ye i laa.
Fanóo ye ke ŋa i kelendi fanóo ñaamaa la.
Mbe muŋ ke la i la ŋa a ke i la móo béé ñaa la.
A ko a ye, bisimilaa.
Kéé fula niŋ i ye i kali kaanaa la, kiliŋ ne ka a domo.
1530 A ko a ye, laa dulaa dii ŋ'na.
Fula mansóo fanaŋ mu kéé kende baa le.
A ye laa dulaa dii ñancóo la.
Fulóo niŋ janfaa mu ka talaa.
Niŋ ye Fulóo loŋ, i maŋ Fulóo fulanjaŋ ñóo loŋ,
1535 Fulóo si'i moonee.
Dikkó niŋ faañaami,
Kàndar kumba a niŋ kàndar jaaji.
Wó tumóo Fulóo ye feeree le siti Kelefaa kaŋ.

A ye laa dulaa cika a ye a dii Kelefaa la.
1540 Biriŋ suutóo duwóo talaata tembóo miŋ na,

While they were praying that night,
They heard the horse's steps.
The people praying lowered their heads,
And they saw Kelefaa on the horse. They recognized him.
1505 Those who were behind the imam moved in front of him.
The prayer was ruined.
The prince came and stopped short.
He did not want them to stop praying
Because there were already some who had unrolled their mats.
1510 When they finished praying,
He said to the Fula king: "I have come to find you.
"You, your men, and your luggage go back to Badoora Birikaama."
"Me?" the king said to him.
"Yes, you," he responded.
1515 "Me?"
"Yes," he said.
He said: "Little Mandinka boy, I am going to do something to you
"More severe than anything."
They exchanged threatening words without stopping until nightfall.
1520 He said to him: "Is it not true that you are Mandinka?
"Are you the one called Kelefaa?"
"Yes, that is I," he replied.
"If you sleep alone, if tonight I catch you,
"You will say that you were attacked by many men.
1525 "I will give you a place to sleep.
"In the morning light I will battle you in the open.
"And, what I do to you, I will do it in front of everyone."
"I hear you," Kelefaa said.
"When two men swear over a lizard, only one will eat it."
1530 "Give me a place to sleep," Kelefaa said.
The Fula king was also a wise man.
He accommodated the prince.
The Fulas are treacherous people.
If you know one Fula and you don't know another Fula like him,
1535 The Fula will betray you.
Dikko and Faañaami.
Kandar Kumba and Kandar Jaaji.
The Fula had already planned a subterfuge to overcome Kelefaa.
The king offered his hospitality to Kelefaa.
1540 In the middle of the night,

Mansakééwóo yelemata saa ti.
A ye Kelefaa laa dulaa waliŋ.
Ñancóo be daamiŋ a ye a loŋ.
Kelefaa bota bunkono, a taata lóo banta,
1545 A keta yirikuntóó ti.
Saa naata, a dunta bunkono ka Kelefaa ñiniŋ,
Ka a ñiniŋ, ka a ñiniŋ, ka a ñiniŋ fo a bataata;
A maŋ a je.
Fula karankéé muŋ ye naafikiyaa ke,
1550 Wó fanaŋ kuŋóo fanta, wó ye wó kalamuta.

Fulóo muruuta.
Kelefaa muruuta, a dunta bunkono.
Baawóo duntuŋ kuma maafaŋóo
Ka siinóo tara diyaariŋ móo jamaa le bulu.
1555 A ko, saayiŋ mbe a tara la siinóo le la.

Fulóo muruuta naŋ, a yelemata saa ti.
Ñancóo bota bunkono a taata ke tóósaatuŋóo banto.
Saa naata, a ye a ñiniŋ, a ye a ñiniŋ,
Fo subaa sali waatóo bi naa tarandi la,
1560 A muruuta Fula mansakééwóo la.
Fo fanóo keta. Fanóo keta, ñancóo ye kiilaa kii.
A ko, fo Fulóo ye i paree le baŋ?
A ko a ye, ŋ'maŋ daasaama,
Batu ŋa daasaama.
1565 Fulóo daasaamata, a ye a bàndi.
A ye kiilaa kii Kelefaa ye ko a pareeta le.
Kelefaa ko a ye, batu ŋ'fanaŋ ŋa ŋ'na dolo siitaa miŋ.

Ñancóo ye kabóo wutu, a ye a la dolóo siitaa miŋ
A ye a bula a kunkono fo a ñaa wulééta ŋos.
1570 A ye kiilaa kii mansakéé, a ko a pareeta.
Mansakéé niŋ a la móol ranta.
A la móol siyaata ñaa wóo ñaa,
Ñancóo kiliŋ be lóóriŋ a faŋ ye.
Fula farabóo naata, a lóóta mansakééwóo daa la.
1575 A ko a ye ko, Laamuló, ñiŋ cukkayelóo ye muŋ fo ŋa a ke.
A ko a ye, muŋ nom?
A ko a ye, ŋa soŋ a ma, ŋ'niŋ a ye taa.
A ko a ye, ŋ'te ŋa soŋ ñiŋ dindiŋ ma?

A ko a ye, xaa.

The king took the form of a snake.
He headed toward the room where Kelefaa was sleeping.
He knew where the prince was.
Kelefaa left the room and stood outside.
1545 He took the form of a tree stump.
The snake went into the room looking for Kelefaa.
He looked and looked until he was tired.
The snake couldn't find Kelefaa.
The shoemaker who, some time ago, had played the hypocrite
1550 Was himself a very alert man. He knew everything that happened.
The Fula king left.
Kelefaa went back into his room.
Since the hours that precede the rooster call
Find many people in deep sleep,
1555 The king said to himself: "Now, I am going to find him sound asleep."
The Fula came back and took the shape of a snake.
The prince left the room and took the shape of an anthill outside.
The snake entered and began to search for him everywhere,
Until about the morning prayer,
1560 When he resumed his natural form.
When it was daylight, the prince sent a messenger.
He said: "Is the Fula ready?"
The king said to him: "I haven't had breakfast yet.
"Wait until I finish my breakfast."
1565 The Fula had his breakfast.
He sent a messenger to tell Kelefaa that he was ready.
Kelefaa said to him: "Wait until I finish my bottle of wine as well."
The prince took the bottle and finished it.
He drank to his heart's content, until his eyes became all red.
1570 He sent to tell the king that he was ready.
The king and his men lined up.
No matter how numerous they were,
The prince was in front of the opposing army, all alone.
The shoemaker approached the king.
1575 He said to him: "Laamulo, do what this young man asks us."
"And what is it?" the king said to him.
He said: "Let us accept his will and leave with him."
The king said: "You want me to submit to the orders of this child?"
He responded: "Yes."

1580 A ko a ye, ŋ'te mu muŋ ti Foreyaa bànkóo kaŋ, i maŋ a loŋ,

Bari bii i be a loŋ na le.
A ko a ye ñiŋ dindiŋóo duŋ na kuuwóol koliyaata le ko, Laamuló.
Suutóo, ite ye kuu muŋ kata ñiŋ dindiŋóo kaŋ ma,

I maŋ kuu nóo a ma, ŋ'te ŋa wó kalamuta le.
1585 Fanóo ñaamaa, i bi naa muŋ ne nóo la ñiŋ dindiŋóo a ma?

A ye muŋ fo ŋa soŋ a ma.
Niŋ i maŋ soŋ, ŋ'te be soŋ na a ma.
A ko a ye, ŋ'te mu muŋ ti Foreyaa, ite fanaŋ i be wó loŋ na le.
Ñancóo pareeta, a ko Fula mansakééwóo ye ko,
1590 A ko a ye, kuu dantaŋ mbe wó le fo la i ye.
Aduŋ mbe wó béé ke la i la le.
A ko a ye, i niŋ mbe kele la.
Folóófolóo mbe i bulubaa tulóo kuntu la. Kiliŋ!
Fulanjaŋóo, mbe i maraa ñaa téé la.
1595 Sabanjaŋóo, mbe i sinkuŋ baa kuntu la diilóo kono.
Naaninjaŋóo mbe i siti la i niŋ bagaasóol,
I niŋ ŋ'na móol niŋ i la móol Badóóra Birikaama.

Daramóol ye benteŋóo lóo ñóo ye.
I junkuta ñóo la, mansakééwóo la móol be lóóriŋ.

1600 A niŋ Fulóo junkuta ñóo la,
I junkuta ñóo la,
I junkuta ñóo la.
A ye sakalaŋóo taa, a ye a bulubaa tulóo kuntu.
Fulóo ye a bulóo sappi a tamóo to, a ye a tulóo muura.
1605 Baawóo tulujàmbóo ye muŋ je teŋ,
Tulóo la tawundaa baa lom.
A be kuntu la kuŋóo bala,
I be i bulóo biti la jéé.
Fula mansóo ye a bulóo biti a tulóo to.
1610 I dunta ñóo la,
I dunta ñóo la,
I dunta ñóo la,
A ye sakalaŋóo bula a maraa ñaa kono, saraki, a ye wó téé.

Fulóo ye a bulóo bóndi a tulóó to, a ye a sappi a ñaa to.

| 1580 | The king said to him: "You don't know what I represent in this land of Foreyaa,
| | "But today you are going to know."
| | The shoemaker said to him: "This young boy is truly a complex individual, Laamulo.
| | "The stratagems to which you've resorted upon this kid tonight,
| | "Haven't succeeded, I know them all.
| 1585 | "Do you think you'll do any better against this child in broad daylight?
| | "Let us submit to his orders.
| | "If you refuse, I myself am going to accept them."
| | The king said to him: "You too, you're going to see about my power in Foreyaa."
| | The prince finished preparing himself and said to the Fula king:
| 1590 | "Listen up to be forewarned against these few things.
| | "And certainly, I'm going to use them all against you.
| | "I'm going to fight against you," Kelefaa said to him.
| | "At first," he said, "I'm going to cut off your right ear.
| | "Secondly, I'm going to crush your left eye.
| 1595 | "Thirdly, I'm going to cut off your big toe from the stirrup.
| | "Afterward, I'm going to tie you up with your luggage,
| | "And with your men and my men, we're going to Badoora Birikaama."
| | The two stallions got into position for battle.
| | They grappled with one another in front of the assembly of the king.
| 1600 | They grappled with one another,
| | They grappled with one another.
| | They grappled with one another.
| | Kelefaa took his sword and cut off the king's right ear.
| | The Fula put his hand on his wound to cover his ear.
| 1605 | Because the outer ear that you see,
| | It covers the whole ear.
| | Once it is cut off of your head
| | You will cover the ear with your hand.
| | The Fula king covered his ear with his hand.
| 1610 | They grappled with one another,
| | They grappled with one another.
| | They grappled with one another.
| | Kelefaa thrust his sword into the king's left eye, and he bruised it abruptly.
| | The Fula lifted his hand from his ear and placed it over his eye.

1615	I junkuta ñóo la, I junkuta ñóo la, I junkuta ñóo la, A ye a sinkuŋ baa kuntu diilóo kono. A ye a takki kidijuwóo la, a ye a busandi.
1620	A ye a cirimpoŋ. Niŋ i ye kelelaa je ye ñóóbóriŋóo taa le, I fanaŋ i korta le. A ye Fulóo siti fo a ka karankóo téé a sisóo to. A ye a la móol béé tàmbindi
1625	A niŋ Kelefaa móol béé, saatewóo musóol niŋ a dindiŋóol.
	Ñiŋ nom Kelefaa la julóo ti. Jalóol la Baa, Siin, Miima, Ra, Wó lom Kelefaa barimmaa la julóo ti. Solóo, wó dulaa yelemandi baŋ!
1630	Wó lom Kelefaa baa sila folóo ti. Kooraa ka muŋ fo ñiŋ dulaa to, al ye a móy le baŋ? Sànka Nànki kéé koleŋ, kéé koleŋ Sànka Nànki kéé koleŋ. Sànka le taa mu ñiŋ julóo ti.
1635	Sànka Nànki kéé koleŋ, kéé koleŋ Sànka Nànki kéé koleŋ. Sànka taa mu ñiŋ ne ti. Bari a béé naata ke Kelefaa taa ti. Muuru nóóto.
1640	Ñiŋ fanaŋ kotóo le be a la, I bi naa ñiŋ muŋ mawto teŋ. I ka a fo ñiŋ ne ye Kuruntu Kelefaa. Ŋ'ko al ye Màndinkóo la kuma wóo kuma niŋ ye a wiri . . . Màndinka kaŋóo mu kallu karim baa le ti.
1645	Wó Kuruntu Kelefaa kotóo le be a la. Ye feŋóo muŋ siti, i be a saba la le. Niŋ a balanta, i ka a ke ñaadi le? I ka a kuruntu le. Ñancóo ye Fulóo niŋ a la móol béé siti naŋ,
1650	A ye i tambindi naŋ, I be Badóóra Birikama saate waliŋ na. Ye a je kankaŋóo lóóta. I ko fo tonkoloŋóo lom baŋ, Fo taakaa lom baŋ?
1655	Móol funtita, i lóóta. Ye ñancóo je naŋ kafóo ñaato.

1615	They grappled with one another,
	They grappled with one another.
	They grappled with one another.
	Kelefaa cut off the king's big toe from the stirrup.
	He hit him with the butt of his gun and made him fall.
1620	He jumped to the ground.
	When you see fighters take on wrestling,
	It is because they are exhausted.
	He tied up the Fula to the point of cracking his bones.
	He ordered the marching of his men,
1625	Of Kelefaa's own companions, women and children of the village.
	Here is Kelefaa's song.
	The ABC of the *jalóol*,
	That is the song of Kelefaa's uncle.
	Solo, change the tune, please!
1630	Here is the piece called "Kelefaa baa sila foloo."
	Do you understand what the kora says now?
	Sanka Nanki the fierce man, the fierce man!
	Sanka Nanki the fierce man!
	This was composed in honor of Sanka.
1635	Sanka Nanki the fierce man, the fierce man!
	Sanka Nanki the fierce man!
	This piece was composed in honor of Sanka,
	But it was finally dedicated to Kelefaa.
	Go back to the first piece!
1640	This piece also has a profound meaning,
	The one you are preluding.
	It is called "Kuruntu Kelefaa."
	I told you that in Mandinka each word that you examine . . .
	Mandinka is a language filled with rich words.
1645	This "Kuruntu Kelefaa" has a very profound meaning.
	When you tie up something, you pull on it,
	And if it refuses to move, what do you do then?
	"You have to drag it." [*Solo or Maalang responding*]
	The prince tied up the king and all his men
1650	And watched over their march toward Badoora Birikaama.
	When they emerged at the entrance to the village,
	They saw the dust rise up.
	They asked themselves if it was a whirlwind,
	Or if the forest had caught fire.
1655	The people came out and stopped dead.
	They saw the prince in front of the group.

Jalóol ye kooraal cansu, dóol ye kontiŋóol cika
Wó luŋ nom ñiŋ julóo bota, i ko Kuruntu Kelefaa.

    Maaróol maaróol le
1660 *Ŋ'dàmmaŋ kelóo ye maaróol baŋ ne*
    Yee kelóo ye maaróol baŋ ne
    Sansaŋóo daa la maaróo Saane
    Pacaananka Dàllaa Jeenuŋ
    Pacaananka tenkiliŋ sóólaa
1665 *Tenkiliŋ ŋanaa niŋ kànnii waali*
    Kamburu Mburuŋ ŋanaa niŋ Kancuŋ Dànnaa
    Yaarafaŋ joŋóo ye a wuluu dulaa loŋ
    Joŋóo maŋ a baraka dulaa loŋ muumeeke
    Kuma maŋ feeyaa dali maŋ bete
1670 *Saayaa maŋ diyaa muumeeke*
    Ali ŋa silaŋ janfaa la
    A ka diyaññe kuuwóo le tiñaa
    Joŋóo be semberiŋ joŋ ne
    I maŋ sembe feŋ na fo tumbóo niŋ baabaa
1675 *Ali ŋa ntuuku mansóo la*
    Jaalika faliilulaaxi yuuti man yasaawi
    Wallaaxu sul faliilu yasiimu
    Saayaa mu saŋ nóólaa ti
Ñancóo be kafóo ñaato, jalóol be wó luŋ daama
1680 Wó luŋ nom ñiŋ julóo bota, i ko Kuruntu Kelefaa.

Kaatu Màndinka kaŋóo,
Kuma wóo kuma ye a móy kotóo le be a la.

    Way yóo Jóólaa kele
    Kelefaa baa la tàmbóo be Baariyaa
1685 *Way yee Badóóra Jóólaa banta*
    Kelefaa Saane la tàmbóo be Baariyaa
Niŋ i ye Màndinkóol móy i ko séélóo,
A kotóo mu muŋ ne ti?
Mbi taa ŋ'na séélóo to.
1690 I siilóo lom.
I be yiri baal kuntu la daamiŋ,
I be i seppu la, i be i jani la.
Niŋ i maŋ i lóo, ite naafa soto la jéé.
Màndinkóol ko séélóo.
1695 Mbi taa ŋ'na kunkóo to, kotóo be a la le.

The *jalóol* grabbed their koras, others their *kontings*.
It was on that day that the piece called "Kuruntu Kelefaa"
was composed.

Where have the warriors gone?
1660 *Internal conflict has exterminated the warriors.*
Yes, war has exterminated the warriors.
By the fence line, the Saane warriors.
Dallaa Jeenung of Pachaana.
The one-palm-tree-driller of Pachaana.
1665 *The one-palm-tree-warrior and the old brave soldiers.*
The brave Kamburu Mburung and Kanchung Dannaa.
It is true that a man knows his birthplace,
But he doesn't know his place of happiness.
Talk is not easy, use is not good.
1670 *Death is no pleasure at all.*
Let us fear death
Because it breaks our good habits.
Man is leaning on man.
We are leaning on nothing but worms and termites.
1675 *Let us rely on the Lord.*
Jaalika faliilulaahi yuuti al mulku man yasaawi
Wallaahu sul faliilu yasiimu.
Death is the only cause for mourning.
The prince, at the head of the group, passed in front of the *jalóol*,
1680 And on that day they composed the piece called "Kuruntu
Kelefaa."
For, in the Mandinka language,
Every word carries a deep meaning.

O the Joolaa warrior.
The great Kelefaa's spear is in Baariyaa.
1685 *O the Joolaa of Badoora's gone.*
Kelefaa Saane's spear is in Baariyaa.
When you hear the Mandinka say "bush field,"
What is the real meaning of the word?
"I'm going to my bush field,
1690 It is your new field in the bush."
It is the place where you cut big trees,
Then you chop them into pieces and burn them.
If you don't burn them, they will be of no use.
That is why the Mandinka said "bush field."
1695 "I am going to my farmland" also has a deep meaning.

I kunkuwóo lom.
Niŋ samaa bóyta,
I kunkóo boŋ ne.
I taata daa wóo daa, i xakkilóo ka tara wó kunkóo le kaŋ.
1700 I be nafaa muŋ ñiniŋ na jéé
Pur siniŋ niŋ i baadiŋóol ye a domo.
Màndinka kaŋóo lukkata le,
Wó le a tinna i ko jéé Kuruntu Kelefaa.
Wó tumóo Kelefaa ye Fulóol siti naŋ ne.
1705 Feŋ muŋ duŋ ye a siti i be a saba la,
Niŋ a balanta, i ka a kuruntu le.
Wó julu folóo Sànka taa lom wó ti,
Ñiŋ nom Kelefaa taa ti.
Ñancóo naata a niŋ Fula mansakééwóo
1710 Ñaa téériŋóo, a tulu kuntóo, a sinkuŋ baa kuntóo,
A futata a barimmaa ma, a ko a ye mbariŋ Sànka!
A ko a ye naamu!
A ko a ye Fulóo muŋ ye ŋ'faamaa fulaŋóol bay,
A ye mbariŋóol fulaŋóol bay, Fulóo fele.
1715 Bari a te ke la joŋ ti.
I si kontoŋóo taabi a ye, a ye kontoŋ.
Wuraaróo al ye a bula a ye sey,
Ŋ'na móol niŋ i naata,
A si taa ŋ'kibaaróo fo Fulóol ye Fuladu.
1720 Fulóo niŋ a la móol tiiñanta jéé.
Sànka Nànki ye tabiróo ke ye. I kontonta.
Wuraaróo siita, Kelefaa ye a bulóo dii a la.
A ko a ye, sey Fuladu, i si taa ŋ'kibaaróo fo Fulóol ye.

Ñancóo bi jéé.
1725 Wó saŋóo lom a barimmaa ye kuyaŋóo bóy.
Biriŋ i dunta kuyaŋóo to, ye kar fula ke,
Sabanjaŋóo, i ñanta bó la karóo muŋ na,
A barimmaa taata a kaŋ kuyaŋ jujuwóo kono.

A ko a ye, Kelefaa!
1730 A ko a ye, naamu!
Ite le mu ŋ'te barindiŋ kiliŋóo ti.
I lafita muŋ ne paree fasoŋ na
Mbe muŋ ke la i ye, niŋ i bota?
A ko a ye, mbariŋ!
1735 A ko a ye, naamu!

It expresses the everlasting worry of the individual.
When they forecast the first signs of the rainy season,
The field becomes the main concern of the farmer.
Wherever he wanders, he will set his mind on his field,
1700 On the profit he can make for his survival
And for the survival of his family.
As you can see, Mandinka is a rich language.
This is why this piece was called "Kuruntu Kelefaa."
Because Kelefaa had tied up the Fulas,
1705 And when you tie something and you pull,
If it refuses to move, you have to drag it.
The first piece was addressed to Sanka.
This one was addressed to Kelefaa.
The prince arrived, accompanied by the Fula king,
1710 With his eye crushed, his ear and big toe cut off.
Kelefaa came before his uncle and said to him: "Uncle Sanka!"
He responded: "Yes!"
Kelefaa said to him: "The Fula who hunted my father's peers,
"He chased my uncle's peers, here is the Fula.
1715 "But we can't make him a slave.
"First, prepare him lunch.
"Then, you will free him tonight,
"When our men have returned.
"He'll go tell my news to the Fulas of Fuladu."
1720 The Fula and his men spent the day there.
Sanka Nanki offered them lunch, and they ate.
Once night began to fall, Kelefaa shook the king's hand.
He said to him: "Go back to Fuladu and give my news to the Fulas."
The prince was there.
1725 It was the year his uncle ordered the circumcision.
After their circumcision, they spent two months.
The third month, during which they had to come out,
His uncle paid him a visit in the sacred residence of the circumcised.
He said to him: "Kelefaa!"
1730 Kelefaa responded: "Yes!"
He said to him: "You are the only nephew I've got.
"How would you like to get yourself ready?
"Is there something I can offer you when you come out?"
"My Uncle," Kelefaa said to him.
1735 "Yes," he responded.

A ko a ye tàmba wuleŋ, kurtu wuleŋ,
Dendika wuleŋ, naafa wuleŋ, samata wuleŋ!
E! A ko a ye, Kelefaa ite maŋ lafi feŋ na fo wólu!
A ko a ye, xaa mbariŋ, niŋ i be a nóo la, wó lom;

1740 Niŋ ite a nóo la ye a tu jéé.
Bariŋóo ye a tu jéé fo tili fula, saba, naani,
A muruuta kuyaŋóo to.
A ko a ye, Kelefaa,
I lafita pareeñaa muŋ na, a fo ŋ'ñe!
1745 A ko a ye, mbariŋ, ŋ'ko i ye le kurtu wuleŋ,
Samata wuleŋ, naafa wuleŋ, dendika wuleŋ, tàmba wuleŋ!
Niŋ i be a nóo la, wó lom;
Niŋ ite a nóo la ye a tu jéé.
Bariŋóo ye a kóo dii, a ye Kelefaa ñinandi koteke.
1750 A muruuta naŋ.
A ye wó kuma kiliŋóo le fo a ye fo siiñaa saba.
Bariŋóo naata jaawale, a ye tàmbóo tunkaŋ Kelefaa ye.
Wó lom a la tàmba fulanjaŋóó ti
Biriŋ bariŋóo muruuta,
1755 Wó lom a la muruu sabanjaŋóo ti.
A ko a ye, Kelefaa, ŋ'ko i ye i lafita muŋ ne pareeñaa

Mbe muŋ ke la i ye?
A ko a ye, ŋ'ko i ye kurtu wuleŋ,
Dendika wuleŋ, samata wuleŋ, naafa wuleŋ, tàmba wuleŋ,
1760 Faŋ wuleŋ, suu wuleŋ!
Mbariŋ, niŋ i be a nóo la, jéé lom;
Niŋ ite a nóo la fanaŋ ye a tu jéé.
Bariŋóo naata wó le dadaa a ye.
A ye wól béé ñiniŋ tembóo miŋ na,
1765 Ye i bàndi, ye i bóndi,
I be juujuu seemaa to
Fo dóndiróo waatóo siita, ñancóo ye a paree
A la kurtu wuleŋ, dendika wuleŋ, naafa wuleŋ,
Samata wuleŋ, faŋ wuleŋ, suu wuleŋ.
1770 Sànka la joŋ musukéébaa naata lóo kordaa daa baa la.
A ko, Maryaama Nànki diŋ kiliŋóo fele.
A kééñaa niŋ móo kééñaa maŋ muluŋ.
A maañaa niŋ móo maañaa maŋ muluŋ.
A pareeñaa niŋ móo pareeñaa maŋ muluŋ.

1775 Ñancóo lóóta, a ye a juubéé,

The Epic / 89

Kelefaa said to him: "A red dagger, red pants,
A red coat, a red hat, and red shoes."
"That is all you want?" he said in a surprised manner.
"Yes, my Uncle," Kelefaa said. "If you can do it, so much the better.
1740 "If not, you let it go."
His uncle forgot about the matter for two, three, four days.
He went back to the residence of the circumcised.
He said: "Kelefaa,
"Tell me how you would like to get yourself ready."
1745 Kelefaa responded: "I told you, Uncle: red pants,
"Red shoes, a red hat, a red coat, a red dagger.
"If you can do it, that's it.
"If not, you let it go."
His uncle went back his way and thought no more of Kelefaa.
1750 He came back to him.
He repeated the same words three times.
His uncle made a mistake and forged a dagger for Kelefaa.
It was his second dagger.
When his uncle came back . . .
1755 It was the third time he was coming back.
He said to him: "Kelefaa, I am asking how you'd like to get yourself ready.
"Something I can offer you?"
Kelefaa responded: "I told you: red pants,
"A red coat, red shoes, a red hat, a red dagger,
1760 "A red sword, a red horse.
"If you can do it, Uncle, that's it.
"But if you can't, just let it go."
His uncle finally found him all these.
After he found Kelefaa all that,
1765 They were ready. They led them out.
They stayed within the circumcision compound,
Until it was time to get dressed. The prince was ready.
His red pants, his red coat, his red hat,
His red shoes, his red sword, his red horse.
1770 Sanka's eldest slave woman stood up at the front gate
And said: "Here is Maryaama Nanki's only child.
"His constitution is different from the other people's constitution.
"His manners are different from the other people's manners.
"His style of dress is different from the other people's style of dress."
1775 The prince took a moment to observe her.

A ye a la faŋóo buusi,
A ye musukéébaa kuŋ baa niŋ a kaŋ baa talaa.
A ye faŋóo fita suuwóo juu kunkuŋóo la,
A ye a sey a laa kono,
1780 I tambita.
Biriŋ ye ŋansiŋ bóndóo ke, fo ŋansiyaa sàppata,
A niŋ a la móol muruuta Mansakoloŋ.
Luŋ kiliŋ a naata lóo a barimmaa kuntó.
A ko a ye, mbariŋ!
1785 A ko a ye naamu!
A ko a ye, ñinaŋ kabankóo, ñinaŋ mbe a talaa le.

Ŋ'lafita ŋa ŋ'na kabankóo talaa ñinaŋ.
A ko a ye, ŋ'na bànkóo kabankóo,
Ite niŋ ŋ'te ye wó talaa Kelefaa?
1790 A ko a ye, xaa, kaatu mansa lom ite ti,
Mansa lom ŋ'te fanaŋ ti.
Mansa lom i ti, mbariŋ, mansa lom ŋ'te ti.
I la kabankóo mbe a talaa le.
A ko a ye, ite mu ka mallu,
1795 Bó ŋ'kuntó!
Ñancóo ye a kóo dii, a taata.
A futata Mansakoloŋ a la móol ma.
Wó saamóo, a ye a la móol tàmbindi, a ko i ye,
Ŋa taa kabanka kaniŋóo la.
1800 I taata.
Ye bànkóo kabankóo béé kaniŋ.
Wó kabankóo, wó lom beeyaŋóo ti.
Ninsóo lom.
Kóóréé wóo kóóréé, niŋ i maŋ seenee bóndi jéé,
1805 I be seletuura mendiŋóo bóndi la jéé
Waraŋ ye mbóréyé baa bóndi jéé.
Wó lom bànkóo mansakééwóo la naamóo ti;
I ka a fo wó le ye wó tumóo kabankóo.
Kelefaa niŋ wó naata,
1810 A ye a samba a la Mansakoloŋ,
A niŋ a la móol be ninsóo faa la, i be a domo la.
A barimmaa fanaŋ ye móol wilindi
Ka taa kabankóo kaniŋ.
Saate wóo saate, niŋ i futata jéé i si a fo ye
1815 A barindimmaa ye kabankóo kaniŋ jaŋ ne.

Balaamaŋ
Kelemóo nóólaa kelemóo nóólaa

He pulled out his sword
And sliced the old woman's big head from her big neck.
He wiped his sword on his horse's tail
And put it back in the sheath.
1780 They moved on.
When the circumcision festivities came to an end,
He returned to Mansakolong with his peers.
One day he stood up before his uncle.
He said to him: "My Uncle!"
1785 "Yes," he responded.
Kelefaa said to him: "We are going to split in half your tribute this year.
"I would like to get my share of this year's tribute."
His uncle said to him: "My kingdom's tribute!
"Is that what you want me to share with you, Kelefaa?"
1790 Kelefaa responded: "Yes. It is true that you are a king,
"But I am a king too.
"You are a king, my Uncle, and I am a king too.
"We're going to share your tribute."
His uncle said to him: "Shame on you!
1795 "Move away from me."
The prince turned his back and left.
He went to join his friends at Mansakolong.
The following day he set off with his friends after telling them:
"Let us go to collect tribute."
1800 They left.
They collected tribute all over the kingdom.
At the time an animal represented the tribute.
It was a cow.
In each corral, if they didn't choose a castrated steer,
1805 They would choose a stud bull
Or they would pick a cow.
This is what represented the king's tax
And what they called *kabankóo*.
Kelefaa came back with it.
1810 He took it to Mansakolong.
He and his friends slaughtered the cow and ate the meat.
His uncle assembled his men
And sent them to collect the tribute.
They stopped in all places and were told
1815 That his nephew had already collected the tribute.

Balaamang.
The able warriors, O the able warriors.

Jóótee baa te kelemóo nóólaa
Yee diŋóo béé te kelemóo nóo la
1820 *Jóótee tóo te kelemóo nóo la*
Ali woyaŋ ali woyaŋ ŋ' jaatiimaa
Ali woyaŋ ŋ' jaatiimaa
Luŋ béé maŋ kaŋ
Bunjaay Jiité kuma maŋ feeyaa
1825 *Dali maŋ bete*
Saayaa maŋ diyaa muumeeke
Ali ŋa silaŋ janfaa la
A ka diyañńe kuuwóo le tiñaa
Joŋóo be semberiŋ joŋ ne
1830 *I maŋ sembe feŋ na fo tumbu niŋ baabaa*
Ali ŋa ntuuku mansóo la
Jaalika falliilulaaxi yuuti al mulku man yasaawi
Wallaaxu sul faliilu li asiimu
Mansa le mu nóólaa ti.
1835 Wó ñaa lom a barimmaa ko,
Kelefaa la kuuwóol jaakalóo warta mbulu.
Niŋ ŋ'maŋ feeróo ke Kelefaa la kuuwóol la,
Ŋ'maŋ a loŋ ŋ'niŋ Kelefaa bi naa labaŋ na ñaamiŋ.
A barimmaa Sànka ye a la móol kili, a ye i béndi.
1840 A ko i ye ko, ŋ'lafita al ye móóróo ñiniŋ ŋ'ñe,
Móóróo muŋ si ŋ'maakoy Kelefaa la kuuwóol to.
A ye a dóókuu ŋ'ñe.
A ye soŋ ŋ'ma.
A ye ke ŋ'ñe musóo ti.
1845 Ŋa kuu wóo kuu fo a ye a ye soŋ a la,
Ŋa kuu wóo kuu laa a kaŋ a ye wó ke.
Xa! A la móol ko a ye ko, ñiŋ bànkóo kaŋ wó ti jaŋ fo Fuuta.
Ŋ'tel ŋa Fula móo kiliŋ dóo loŋ ne,
I ka a fo a ye Cerno Yaayaa.
1850 Wó Cerno Yaayaa de, niŋ wó naata,
Tumandóo bi jéé, niŋ Ala ye i maakoy,
Wó ye a dóókuu nóo ye, a be ke la i ye musóo ti.
A ko i ye, al duŋ, niŋ al ye a samba naŋ, niŋ a ye wó ke,

Feŋ óo feŋ ŋ'si a jóo a keme la.
1855 A naata móol wilindi.
Biriŋ móol taata, Kelefaa la jinné sunkutóo ko a ye ko,
I barimmaa taata móóróo kama i kaŋ ma naŋ.
Wó móóróo, niŋ a naata, a be i dóókuu la.
Niŋ a ye i muta nóo,

> *Cowards can't be able warriors.*
> *All children can't be able warriors.*
1820 > *Cowards can't be able warriors*
> *I say good-bye to you, my hosts.*
> *I say good-bye to you, my hosts*
> *Because all days are not the same.*
> *My dear Boundiaye Jiite, talk is cheap,*
1825 > *Use is not good.*
> *Death is no pleasure at all.*
> *Let us fear death*
> *Because it breaks our good habits.*
> *Man is leaning on man.*
1830 > *We are leaning on nothing but worms and termites.*
> *Let us rely on the Lord.*
> Jaalika faliilulaahi yuuti al mulku man yasaawi
> Wallaahu sul faliilu yasiimu.
> *The Lord is most powerful.*

1835 It was after that that his uncle said:
"Kelefaa's conduct is beginning to worry me very much.
"If I fail to subdue Kelefaa's behavior,
"I don't know how I will end up with him."
Kelefaa's uncle, Sanka, called his advisers for a meeting.
1840 He said to them: "I would like for you to find me a diviner,
"Who can help me subdue Kelefaa's behavior,
"Who will turn his mind over
"So that he can respect my decisions
"And become my wife,
1845 "So that he can accept everything I will tell him,
"And also agree to do everything I will ask him to do."
His men told him: "There is no such man in this territory
    except in Fuuta.
"We know of another Fula man.
"They call him Cherno Yaayaa.
1850 "If that Cherno Yaayaa gets here,
"It is probable, with God's help,
"That he will enchant him and make him your wife."
Sanka said to them: "If you bring him to me and he satisfies
    my desire,
"I will reward him a hundred times over what he will ask me."
1855 Soon after, he sent his emissaries.
After they set off, the young jinn said to Kelefaa:
"Your uncle sent for a diviner about your case.
"If that diviner gets here, he will attempt to enchant you.
"If he succeeds in enchanting you,

1860 I be ke la a ye musóo ti,
A ye kuu wóo kuu laa ye i kaŋ, i be a ke la.
A ko bisimilaay!
Ye móóróo samba naŋ.
Biriŋ móóróo naata, bariŋóo maŋ ñiŋ yitanda i la ko,
1865 Ŋa i kili naŋ ŋ'na barindimmaa kiliŋ ne la kuuwóo la.
A ko a ye, ŋ'lafita ye ŋ'maakoy a dóókuuwóo la ŋ'na
    bànkóo kaŋ.
Bari ŋa i kili dóókuuwóo muŋ na, niŋ i taata a nóo,
Feŋ óo feŋ mbe a keme dii la i la.
Móóróo ko a ye bisimilaay!
1870 Cerno Yaayaa dunta kaluwaa la tili wooro.
Woorowulanjaŋóo, a funtita.
A ko, Sànka!
A ko a ye, naamu!
A ko a ye, Badóóra bànkóo xadama diŋóol niŋ a jinnóol,
1875 Ye kurtóo duŋ i béé la fo dindiŋ kiliŋ.
I maŋ kurtóo duŋ nóo wó la de!
Sànka ye a bulóo dii móóróo la,
A ko a ye, ite mu móóróo le ti.
A ko a ye, mbarindimmaa lom.
1880 Wó wuluubaa ŋ'te niŋ wó le bota baa kiliŋ faa kiliŋ.
A ko a ye, bari a la kuuwóol jaakalóo warta mbulu baake.
Ŋa i kili naŋ wó le la kuuwóo la.
Ŋ'lafita ye a dóókuu ŋ'ñe, a ye ke ŋ'ñe musóo ti,
Ŋa kuu wóo kuu fo a ye a ye soŋ a la.
1885 Ŋa a bula kuu wóo kuu la a ye wó ke.
Móóróo dunta.
A ye Kelefaa la kuuwóo kata ñaa wóo ñaa,
A maŋ a muta nóo móóriyaa la.
A ko a ye, i barindimmaa móóriyaa te a muta nóo la,
1890 Bari mbe feŋ kiliŋ ne ke la i ye,
Mbe nasóo saafe la i ye.
I si beeyaŋóo mindi a la.
Niŋ ye a mindi a la, i si kinóo tabi,
Ye a ke sadaa ti,
1895 Kinimbiraŋ keme, kinimbiraŋ tansaba a niŋ kinimbiraŋ kiliŋ.
Bari wó kinimbiraŋ kiliŋóo, ite faŋóo le niŋ a be wó domo la.
Niŋ a ye wó subóo niŋ wó kinóo domo,
A be ke la i ye musóo ti.
Kelefaa taata Ñantana.
1900 A niŋ a la jinné sunkutóo be kàccaa la.
A ko a ye, i barimmaa ye móóróo muŋ samba naŋ i
    kaŋ ma,

The Epic / 95

1860 "You will become his wife.
"You will do whatever he asks you."
Kelefaa said to her: "All right."
They brought the diviner.
Once he arrived, his uncle made him this account:
1865 "I called for you about my only nephew.
"I would like for you to help me on a witchcraft job in my
  territory," he told the diviner.
"But if you accomplish the task that I am asking you to do,
"I will reward you whatever you ask a hundred times over."
The diviner said to him: "All right."
1870 Cherno Yaayaa went into retreat for six days.
The seventh day, he came out of seclusion.
"Sanka," he said.
"Yes," he responded.
He said to him: "The men and jinns in the territory of Badoora,
1875 "You rule them all except for one child.
"You do not rule him at all."
Sanka shook the diviner's hand.
He said to him: "You are a real diviner."
He said to him: "He is my nephew.
1880 "His mother and I have the same father and mother."
Sanka said to him: "But his case intrigues me very much.
"I called you about him.
"I want you to enchant him so that he can become my wife,
"So that he can accept everything I will tell him,
1885 "Do everything I will ask him to do."
The diviner went into seclusion.
He conjured all kinds of strategies to subdue Kelefaa
But he did not succeed in enchanting him.
He said to Sanka: "Witchcraft will not work with your nephew.
1890 "But I will do something for you.
"I will write you a verse.
"You will soak it in water and have the animal drink the water.
"After it has drunk the potion, you will cook rice
"And offer it as a sacrifice
1895 "Divided into one hundred bowls, thirty bowls, and one bowl.
"But you will eat that one bowl of rice with him.
"If he eats the rice and the meat,
"He will become your wife."
Kelefaa went to Ñantana.
1900 He was chatting with his jinn wife.
She told him: "The diviner that your uncle called for about
  your case,

Wó móóróo ye nasóo dadaa le.
I be beeyaŋóo mindi la a la.
I be a tabi la, wó subóo niŋ kinóo. A be sadaa bó la,
1905 Kinimbiraŋ keme, kinimbiraŋ tansaba.
Bari mbiraŋ kiliŋóo, ite le niŋ a be a domo la.
Bari niŋ i niŋ a ye wó domo,
Niŋ i ye wó kinóo niŋ subóo domo,
I be ke la a ye musóo ti.
1910 A ko a ye, bisimila!

       Balaamaŋ! Tenkiliŋ ŋanaa niŋ kànnii waali

       Saarafaa Ñaaliŋ Jeenuŋ
       Pacaananka Dàllaa Jeenuŋ
       Pacaananka tenkiliŋ sóólaa
1915   Tenkiliŋ ŋanaa niŋ kànnii waali
       Kamburu Mburuŋ ŋanaa niŋ Kancuŋ Dànnaa
       Kumburóŋóo bulata ñóo dólóo to
       Tuŋaa kelelaa
       I ko muŋ ne ye al kumbaliŋóo fiŋ sansandaa la

1920 Ñayóo lom
       Muŋ ne ye al ñaatinkóo buusi
       Kidimunku siisiyóo
       Saane maŋ jóótee tuŋaa kelelaa.

Mindólóo mindólóo banta
1925 *Kelefaa baa la mindólóo banta*
Way yee maaróo la mindólóo banta
Saane Maane la mindólóo banta
Balaamaŋ
Biriŋ a la jinné sunkutóo ye wó fo a ye,
1930 Sànka naata a la mbóréyé baa taa, a ye a mindi wó nasóo la.
A naata mbóréyé faa, a ye kinóo tabi.
A ye a ke kinimbiraŋ keme,
Kinimbiraŋ tansaba a niŋ kiliŋ.
A ye saate béé kili.
1935 A ko, a ye sadaa le bó.
A ye Kelefaa kili.
Ñiŋ kinimbiraŋ keme, kinimbiraŋ tansaba, ye i béé janjandi
   móol teema.
Kinimbiraŋ kiliŋóo, a ko,
Ŋ'te faŋóo niŋ mbarindiŋóo le be ñiŋ domo la,
1940 Kaatu móóróo le wó ye fo ŋ'ñe.

"That diviner has made a philter.
"They will have the animal drink it.
"They will cook meat and rice and offer the meal as a sacrifice
1905 "Divided into one hundred bowls and thirty bowls.
"However, the one bowl is only for you and him to eat.
"But if you eat it together,
"If you eat the meat and the rice,
"You will become his wife."
1910 He said to her: "I hear you."

> Balaamang! The one-palm-tree-warrior and the old brave soldiers.
> Saarafaa Ñaaling Jeenung.
> Dallaa Jeenung of Pachaana.
> The one-palm-tree-driller of Pachaana.
1915 > The one-palm-tree-warrior and the old brave soldiers.
> The brave Kamburu Mburung and Kanchung Dannaa.
> The bee dived into the sorghum wine.
> Foreign-land-fighters.
> They were asked: "What blackened your kneecaps by the fence line?"
1920 > "It was by kneeling down."
> "What burned your eyelashes?"
> "It was the gunpowder."
> The Saanes are not cowards; they fight in foreign lands.

Wine drinking, wine drinking is over.
1925 *Kelefaa's wine drinking is over.*
Yea, the prince's wine drinking is over.
The wine drinking of the Saanes and Maanes is over.
Balaamang.

After the young girl warned him about it . . .
1930 Sanka picked his big cow and made it drink the philter.
Then he slaughtered the cow and had some rice cooked.
He divided the food into one hundred bowls,
Thirty bowls, and one bowl.
He invited everyone in the village
1935 And let them know he was offering a sacrifice.
He invited Kelefaa.
They distributed the one hundred and thirty bowls among the crowd.
He said this about the one bowl:
"My nephew and I are going to eat this
1940 "Because that's what the diviner has advised me to do."

Kelefaa ye a bulóo kuu.
A naata, a lóóta kinimbiraŋóo kuntó.
A barimmaa be siiriŋ.
A ko a ye, mbariŋ!
1945   A ko a ye, naamu!
A ko a ye, muna i la ñiŋ subóo
Muŋ be ñiŋ kinóo kaŋ, muŋ subu le mu?
A barimmaa ko a ye, Kelefaa, ŋ'na wó mbóréyé baa ŋa wó le faa.
A ko a ye, mbariŋ, muna ye mbatandi le.
1950   Mbariŋ, ite ye a loŋ ne ŋ'te mu ka musu subóo domo.

Subu wóo subu, niŋ a tara musóo lom, ŋ'te niŋ wó maŋ
     aafeeri soto.
Niŋ a tara tuuraa lom waraŋ seenee lom,
A ko a ye, mbe a subóo domo la,
Bari musu subóo ŋ'te mu ka wó domo.
1955   Ninsi musóo subóo, saaji musóo subóo,
Siiséé musóo subóo, baa musóo subóo,
Ŋ'te mu ka wó béé domo.
A ye a kóo dii, a taata.
Sànka fanaŋ kanfaatóo wilita kinimbiraŋóo kuntó.
1960   Wó tumóo Kelefaa taata Ñantana sutóo kono,
A la jinné sunkutóo yaa.
Sànka fanaŋ kanfaatóo taata,
A futata Maryaama Nànki ma, a baarimmusóo
Muŋ ye Kelefaa wuluu.
1965   A ko a ye, i diŋ kuluubalóo ye ŋ'mallundi saate béé teema,

A ye ŋ'mallundi ñiŋ bànkóo béé teema.
Ŋa sadaa bó kinimbiraŋ keme,
Kinimbiraŋ tansaba a niŋ kiliŋ.
Wó kiliŋóo ŋ'tel le ñanta a domo la.
1970   A naata lóo ŋ'kuntó, a ko
Ate mu ka musu subóo domo.
A ye ŋ'na sadaa fili jéé, a ye silóo muta, a taata.
A maŋ mee Kelefaa muruuta naŋ.
A baamaa ko a ye, ite Kelefaa, ite mu ka mallu.
1975   Ite maŋ kuluu.
I barimmaa ye i kili sadaa domóo la,
I balanta, ye a mallundi.
Tambi ye i buddéwóo dii,
I niŋ a ye taa kinóo domo!
1980   Mansa kééwóo la tóo.

Kelefaa washed his hands.
He came close to the bowl.
His uncle was seated.
Kelefaa said to him: "My Uncle."
"Yes," he responded.
Kelefaa said: "This meat of yours,
"That is on top the rice, what kind of meat is it?"
His uncle said to him: "I slaughtered my big cow, Kelefaa."
He said to him: "My dear uncle, you wasted my time.
"Uncle, you know for sure that I don't eat the meat of female animals.
"I have no business with any female meat.

"If it was a stud bull or a castrated steer,
"I would eat the meat," he said.
"But I don't eat the meat of female animals.
"Whether it's cow meat, sheep meat,
"Hen meat, or she-goat meat,
"I don't eat any of that."
He showed his back.
Sanka, unable to contain his fury, left the rice bowl.
In the meantime Kelefaa had gone to Ñantana,
To his young jinn wife's place.
Sanka, unable to contain his fury, also left.
He came up to his younger sister, Maryaama Nanki,
Who is the mother of Kelefaa.
He said to her: "Your impolite child made me the laughingstock of the town.
"He made me feel ashamed of myself in the whole kingdom.
"I offered a sacrifice of one hundred bowls,
"Thirty bowls, and one bowl.
"He and I were supposed to share the one bowl.
"He stood up before me and told me that
"He does not eat the meat of female animals.
"He abandoned my food and went his way."
Soon after, Kelefaa came back.
His mother said to him: "Shame on you, Kelefaa.
"You are not well mannered at all.
"Your uncle invited you to share his sacrifice.
"You refused and humiliated him.
"I suggest that you go sit on your bottoms
"So that both of you can eat the rice."
The king's leftovers!

```
             Fo wó ka tu batulaal ñaa la le baŋ?
             Jaŋ niŋ Kelefaa be futa la,
             Ye a tara ye subóo baŋ a niŋ kinóo.
             A maŋ feŋ tara jéé.
1985         Sànka muruuta a la móóróo kaŋ.
             A ko a ye, Cerno Yaayaa!
             A ko, naamu!
             A ko a ye dindiŋóo maŋ kinóo domo baara subóo.
             A ko a ye, i la ñiŋ barindiŋóo,
1990         Kalaa te ñiŋ dóókuu nóo la, niŋ i si a móy.
             Dabaróo te a muta nóo la.
             Bari mbe fééróo muŋ ke la,
             Mbe ñiŋ muta la muŋ na,
             Wó fééróo be mbulu le.
1995         A ko a ye, mbi taa a la bunkono, mbe yelema la bàmbóo ti.

             A bi naa, a be ŋ'tara la jéé.
             Mbe a ñafu la, ŋ'te a barama la,
             Ŋ'te feŋ óo feŋ ke la a la,
             Bari niŋ ŋa a muta, ŋa a bula doroŋ,
2000         A be kela i ye musóo ti.
             A ye a tara ñancóo be Ñantana sutóo kono
             A niŋ a la jinné sunkutóo.
             I be kàccaa la.
             A ko a ye, i barimmaa la móóróo ko,
2005         A be yelema ye i le bàmbóo ti,
             A be i batu la bunkono.
             I be daa yele la,
             A be kidita i kaŋ, a be i ñafu la.
             A be i muta la doroŋ, a be i bula la, i be ke la musóo ti.
2010         A ko a ye, bari mbe busa saba dii la i la.
             A ko a ye, wó busa sabóo, niŋ a kidita i kaŋ,
             Ye a busa kiliŋóo la,
             A be a fo la, a fulanjaŋ!
             I baŋ. Kana soŋ!
2015         A ko a ye, a bi naa dalilóo dii la i la.
             A ko a ye, bisimila.
             Ñancóo naata a niŋ a la wó busa sabóo.
             A futata, a ye a la bundaa yele.
             A ye ñiŋ bàmba baa tara laariŋ.

2020                  Ñaruŋ kóofaa niŋ banta laalaa
                      Sele santo jii selendi
```

	Should they get cold before his impatient subjects?
	Before Kelefaa's arrival,
	They had already eaten the meat and the rice.
	He did not find anything there.
1985	Sanka went back to his diviner.
	He said to him: "Cherno Yaayaa."
	"Yes," he responded.
	Sanka said to him: "The child ate neither the rice nor the meat."
	The diviner said to him: "This nephew of yours
1990	"Is invulnerable to the hexing of my pen, if you believe me.
	"He is also invulnerable to witchcraft.
	"But the strategy I am going to use,
	"The way I am going to catch him,
	"I know the way to subdue him."
1995	The diviner said to him: "I will go inside his room and change into a crocodile.
	"He will come and find me in there.
	"I will grab him without hurting him.
	"I won't do anything to him.
	"But once I catch him and I let him go,
2000	"He will become your wife."
	In the meantime, the prince was staying in the Ñantana forest
	With his jinn wife.
	They were chatting.
	She said to him: "Your uncle's diviner said
2005	"He will change into a crocodile.
	"He will lie in wait in your room.
	"As soon as you open the door,
	"He will rush up to you and grab you.
	"As soon as he frees you, you will become a woman."
2010	She said to him: "But I'm going to give you three sticks.
	"With those three sticks, if he attempts to rush up to you,
	"Hit him with one stick.
	"He will then ask you to do it again.
	"But don't do that."
2015	She said to him: "He is going to give his secret."
	He said to her: "That's fine."
	The prince went back home armed with his three sticks.
	He reached home and opened his door.
	He found a giant crocodile lying there.
2020	Creature that dwells in water and in the air.
	Going up with water along.

Jii duuma jamba jaara jindi
Ka fantóo niŋ bolóo samba
A ye a tara kaku be a ñaa kati la bunkono.
2025   A ye a la daa yele. Bàmbóo ye a daa yele.
Biriŋ Kelefaa naata a la muruu fulanjaŋóo,
A naata, a futata, a ye daa yele,
Cerno Yaayaa bàmbamaa be laariŋ
A ko a ye, Kelefaa mbula ŋa dalilóo dii i la.
2030   A ko a ye dalilóo dii ŋ'na.
Bàmbóo ye a daa yele, kidóo funtita a daa kono.
A ko Kelefaa ye, a muta!
Kelefaa ye a muta
A ko a ye, Kelefaa!
2035   A ko a ye, naamu!
A ko a ye, ŋ'ko ye ñiŋ kidóo je le?
A ko a ye, xaa!
A ko a ye, ŋ'ko ye ñiŋ kidóo je le?
A ko a ye, xaa!
2040   A kó a ye tata wóo tata, niŋ ite ye a waliŋ,
Niŋ i ye ñiŋ kidóo fay,
Niŋ wó tatóo móol ye ñiŋ kidóo kumakaŋóo móy,
Wó tatóo i be wó téé la.
A ko a ye, Kelefaa mbula!
2045   A ko a ye, mbaŋ!
A ye a dalilóo dii a la.
Bàmbóo ye a daa yele koteke, kidikesóo funtita a daa kono.

A ko a ye, Kelefaa, ñiŋ muta!
Kelefaa ye wó muta.
2050   A ko a ye, ŋ'ko ye ñiŋ kidikesóo je le?
A ko a ye, xaa!
Ñiŋ kidikesóo ye muŋ je teŋ.
A ko a ye, xaa!
Niŋ fanóo keta

2055   Ye i la kidóo soso ñiŋ na,
I si kelóo ke ñiŋ na fo tilóo ye bóy,
Xani niŋ ye móo le buŋ,
Niŋ a dendita yiróo kóóma
Ñiŋ kesóo be muruŋmuruŋ na, a bi taa, a be a faa la.
2060   Aduŋ a be muruu la kidi konóo la.
Ite ñiŋ kidóo soso nóo la koteke fo wó saamóo.

Going down with dry leaves along.
It kills all its challengers
Kaku, the crocodile, was blinking its eyes inside the room.
2025 He opened the door, and the crocodile opened its mouth.
When Kelefaa came back the second time,
He opened the door.
Cherno Yaayaa was lying in the shape of a crocodile.
He said to him: "Wait, Kelefaa. I am going to give you the secret."
2030 Kelefaa said to him: "Give me the secret."
The crocodile opened its mouth and a gun came out of it.
He said to Kelefaa: "Hold it."
Kelefaa held the gun.
He said to him: "Kelefaa!"
2035 "Yes," he responded.
The crocodile said to him: "You see this gun?"
"Yes," he responded.
He said to him again: "You see this gun?"
"Yes," he responded.
2040 He said to him: "When you get close to any fortress
"And you shoot this gun,
"If the people of the fortress hear it blast,
"They will all vanish immediately."
The crocodile said to him: "Leave me alone, Kelefaa!"
2045 "I refuse," he responded.
He gave him the secret.
The crocodile opened its mouth again and a bullet came out of it.
He said to him: "Hold this, Kelefaa!"
Kelefaa held the bullet.
2050 The crocodile said to him: "You see this bullet?"
"Yes," he responded.
He said: "This bullet that you see . . .
Kelefaa said: "Yes."
The crocodile said to him: "When, in the early hours of the morning,
2055 "You load the gun with this bullet,
"You can fight until sunset.
"Even if you shoot toward a person
"Hiding behind a tree,
"This bullet will gyrate until it strikes him dead.
2060 "And then it will load itself back into the gun.
"You won't be able to use the gun until the next day."

Ñancóo ye daa takindi.
A ko a ye, mbula!
A ko a ye, mbaŋ!
2065 A ye a kóo dii, a taata.
A futata a la jinné sunkutóo ma.
A ko a ye, a ye kidóo dii ŋ'na a niŋ a kesóo.
Fo dalilóo lom, fo dalila ŋ'teŋ maŋ a loŋ.
Jinné sunkutóo ko a ye, a ye dalilóo dii i la muŋ koyta.

2070 Ñiŋ kidóo tata wóo tata niŋ ye a walindi,
Niŋ i ye ñiŋ kidóo fay,
Ye a kumakaŋóo móy
I be wó téé la le.

Maaróol maaróol le
2075 *Ŋdàmmaŋ kelóo ye maaróol baŋ ne*
Way yee kelóo ye maaróol baŋ ne
Sansaŋ daa la maaróo Saane
Balaamaŋ
A ko a ye, a ye dalilóo dii i la muŋ koyta.
2080 I baamaa be i la bàmbóo bula la le.
I baamaa koolaa móo te ñiŋ bàmbóo bula nóo la.
Ite le mu a niŋ i baamaa.
Sànka naata, a ko Maryaama!
A ko a ye, naamu!
2085 A ko a ye, bàmbóo be Kelefaa la bunkono.
A ko a ye bàmba be baa kono,
Muŋ ne be wó sii la Kelefaa la bunkono?
A ko a ye, ŋ'ko i ye bàmbóo be Kelefaa la bunkono.

Maryaama wilita,
2090 A naata, a ye Kelefaa la bundaa yele.
A ye bàmbóo je laariŋ, a be a ñaa kati la.
Maryaama ye a la santofaanóo firiŋ.
A bi taa la a la duumafaanóo la,
Dóol ko duumafaanóo, Màndinkóo dóol ko belembóo,
2095 Dóol ko béécóo, wó mu a suruwaa tóo le.
A ye a la faanóo daa bulóo muta,
A ko tooñaa, tooñaa, tooñaa,
Biriŋ luŋ miŋ Ntubaŋ Saane ye ŋ'te futuu,
Niŋ a tara kéé kote ye nene ye ŋ'tara ñiŋ faanóo muta ŋ'na
2100 Wó tumóo bàmbóo i kana bó nóo ñiŋ bunkono.

The prince hit its mouth.
The crocodile said to him: "Leave me alone, Kelefaa!"
"I refuse," he responded.
2065 He showed his back and left.
He went to his young jinn wife and told her:
"He gave me a gun and a bullet.
"I don't know if that is the secret or not."
His young jinn wife said to him: "He actually gave you the secret.
2070 "When you get close to a fortress
"And you shoot this gun,
"If the people of the fortress hear it blast,
"They will all vanish immediately."

Where have the warriors gone?
2075 *Internal conflict has exterminated the warriors.*
Indeed war has exterminated the warriors
By the fence line, the Saane warriors.
Balaamang.
She said to him: "He actually gave you the secret.
2080 "Your mother is going to free the crocodile.
"Apart from your mother, no one could free him.
"It's you and your mother."
Sanka came and said: "Maryaama!"
"Yes," she responded.
2085 He said to her: "The crocodile is in Kelefaa's room."
She said to him: "The crocodile lives in the waters.
"What can prompt it into staying in Kelefaa's room?"
He said to her: "I am telling you that the crocodile is in Kelefaa's room."
Maryaama stood up.
2090 She went to open Kelefaa's door.
She saw the lying crocodile blinking its eyes.
Maryaama untied the knot of her upper sarong.
She grabbed her inside half-sarong.
Some Mandinka call it inside the under-sarong
2095 Or *béécóo*—that is the name in Wolof.
She held the knot of her half-sarong.
She cried out: "If it is true, really true that,
"Since my wedding day with Ntubang Saane,
"No other man has ever touched my sarong,
2100 "Then dear crocodile, you can stay in the room.

Bari niŋ a tara kéé nenemaŋ tara ŋ'faanóo muta ŋ'na
Fo Ntubaŋ Saane, muŋ keta Nfàlli Saane ti,
Kelefaa faamaa.
Wó tumóo bàmbóo i si funti ñiŋ bunkono!
2105 Jiité Bànnaa kuma folóo lóóta wó le to ŋa a miira.
I naata a je Cerno Yaayaa yelemata,
Fulóo be siiriŋ a niŋ a la nawóo.

Fula muta jaabaa sirimaŋ!
Pulló wujjataa
2110 Pulló fenetaa
Pulló dogotaa
Pulló ñaamataa laalo
Pulló ñaamataa làcciri
Nenne mojj
2115 Baaba mojj
Bingel bonotaa
Niŋ i ye Fulóo loŋ i maŋ Fulóo fulanjaŋóo loŋ

Fulóo si'i móonee Fulaayaa niŋ malóo lom

Kàndar kumba a niŋ kàndar jaaji.
2120 Sànka dunta,
A ye móóróo wilindi,
A niŋ a taata suuwóo kono.
Biriŋ i futata suuwóo kono, i dunta a la bunkono.
A ko a ye, Sànka!
2125 A ko a ye, naamu!
Ye ŋ'kili naŋ i barindiŋ muŋ na kuuwóo la.
Kalaa te tuusi nóo la wó ma,
Dabaróo te tuusi nóo la a ma,
Kortee te tuusi nóo la a ma.
2130 A ko a ye, a ye busa kiliŋ ne ke ŋ'na,
Bari a la wó busa kiliŋóo, a ye ŋ'kunkulóo béé kati ŋ'subóo
  kono.
A ye ŋ'fasóo béé kuntu ŋ'subóo kono.
Niŋ ŋ'seyta mbe faa la le.
Bari ŋ'te la jinnóol Ala ko
2135 A ye i dii i barindiŋóo le la.
Bii niŋ ŋ'te seyta mbe faa la le.
Kelefaa bota naŋ Ñantana sutóo kono,
A ye a tara bàmbóo bota bunkono.
A la wó kanfaatóo tambita, a futata Sànka yaa,

"But if no other men ever touched my sarong,
"Except Ntubang Saane, also known as Nfalli Saane,
"Kelefaa's father,
"Then, dear crocodile, you should leave this room."
2105 Jiite Bannaa, I believe the first word stopped at this point.
They saw Cherno Yaayaa recovering his form.
The Fula remained seated with his scarf around his neck.

    Fula Muta Jaabaa Sirimang.
    The Fula does not steal.
2110   The Fula does not lie.
    The Fula does not run away.
    The Fula does not eat gelatin.
    The Fula does not eat couscous.
    When the mother is gracious,
2115   And the father is gracious,
    Their child cannot be evil. [*Fula translation*]
    If you believe you know the Fula, wait till you meet another Fula.
    He will betray you. The Fula lives in accord with treachery.
    Kandar Kumba and Kandar Jaaji.
2120 Sanka went inside the room.
He helped the diviner get up.
They went to Sanka's house.
After they got there, they entered his room.
The diviner said to him: "Sanka!"
2125 "Yes," he responded.
He said to him: "You called me about your nephew.
"But he is invulnerable to the hexing of my pen.
"He is also invulnerable to witchcraft.
"He is invulnerable to evil charms.
2130 "He hit me with a stick only once.
"But it was enough to break the bones of my skull.

"He tore all my muscles.
"I will die as soon as I get home.
"Anyway, our jinns, God told me,
2135 "Have been entrusted to your nephew.
"Today if I return home, I will die."
Kelefaa was back from the Ñantana forest.
He found out that the crocodile was out of his room.
Upset as he was, he went on to Sanka's place,

108 / THE EPIC

2140 A ye Cerno Yaayaa la móol tara siiriŋ.
A ye i béé sóólindi dólóo la, a ye i mindi dólóo la, a ye i siirandi.
A muruuta naŋ.
Cerno Yaayaa taata, a futata Fuuta.
A maŋ lóókuŋ sii a la saŋóo kiilaal naata,
2145 A la jinnóol ye i la bagaasóol kafu ñóo ma.
I naata Kelefaa la jinné musóo faamaa yaa,
Ñantana sutóo kono.
I ko a ye ŋ'tel ŋa Ala wali,
Ŋa Kiilaa wali.
2150 Ŋ'naata le, ŋ'naata ŋ'diŋóo dii Kelefaa la.
Biriŋ ye i la silóo dantee, ye i bàndi,
Kelefaa la jinné sunkutóo wilita naŋ,
A naata Kelefaa nóo ma suuwóo kono.
A ko a ye luntaŋóol be i batu la ŋ'na suuwóo kono.
2155 Bari ñiŋ luntaŋóo, i niŋ sunkutóo le naata ko.
Wó sunkutóo, i ko, i be a dii la i la.
A ko a ye, ye a loŋ ne wó te beŋ nóo la,
Kaatu atel mu jinnóol le ti.
Xani a jinnémaa mu ka jinné musu fula futuu
2160 Baara xadama diŋóo.
A ko a ye, bari ite be jinné musu fula le soto la,
I la kuuwóol tambita wó la le.
Wó le saŋóol siyaata ŋ'te ti.
Niŋ ŋ'te ŋa ŋ'na katóo ke, a koliyaata ite bulu daa wóo daa,
2165 Niŋ ŋa ŋ'na katóo ke, ŋ'korta,
Wó si a taa laa jéé.
Tumandóo bi jéé, wó la kéébaayaa kaŋ,
Wó la kalaŋóo si siyaa ŋ'te taa ti.
Kelefaa niŋ jinné sunkutóo taata.

2170 *Balaamaŋ!*
Tenkiliŋ ŋanaa niŋ kànnii waali
Naamusóo maŋ xaañiŋ i ñaa
Way yee musóo miŋ ye Kelefaa faa
Naamusóo maŋ xaañiŋ i ñaa
2175 *Siñaaróo janjaŋ mbulu siñaaróo*
Baabaa duwaa le jaabita mbatufaa ma
Duwaa jaabi, mantaabeŋ
Duwaa le jaabita mbatufaa ma
Biriŋ Kelefaa niŋ jinné sunkutóo taata, i futata,
2180 Luntaŋóol ye i dantee ñancóo ye, *Balaamaŋ!*

2140	Where he found Cherno Yaayaa's men seated.
	He forced them to drink wine and got them all drunk.
	Then he went back home.
	Cherno Yaayaa went back to Fuuta.
	In less than a week his men came to announce his death.
2145	His jinns also loaded their baggage.
	They went to pay a visit to Kelefaa's father-in-law,
	In the Ñantana forest.
	They said to him: "We praise the Lord!
	"We praise the Messenger!
2150	"We have come to offer our daughter's hand to Kelefaa."
	After they accounted for their visit,
	Kelefaa's young jinn woman got up.
	She went to see Kelefaa at his home.
	She said to him: "We have visitors waiting for you at home.
2155	"They came with a young woman.
	"They say they are going to offer you the woman's hand."
	He said to her: "You know that it will not be possible,
	"For the mere reason that you are jinns.
	"Even a jinn man would not accept to marry two jinn women,
2160	"Not to mention a human being."
	She said to him: "But you will have two jinn wives
	"Because you can overcome all the obstacles.
	"She is older than me.
	"If I used my powers, in case you ever were in danger,
2165	"If I used my powers and I failed,
	"She could use her might to relieve me.
	"Given her age, it is possible that
	"She has more experience than I do."
	Kelefaa set off with the young jinn woman.

2170	*Balaamang.*
	The one-palm-tree-warrior and the old brave soldiers.
	I fear you, Naamusoo.
	Indeed the woman who killed Kelefaa.
	I fear you, Naamusoo.
2175	*Siñaaroo Janjang Mbulu Siñaaroo*
	The wishes of my patron's father have been granted.
	Granted wishes, good fortune,
	The wishes were granted to my patron.
	When Kelefaa and the young jinn woman reached their home,
2180	The visitors told the purpose of their visit to the Balaamang prince.

```
          A ko i ye, al ye a loŋ ne wó te beŋ nóo la,
          Kaatu ŋ'te niŋ sunkutu musu folóo, ye sartóo le dii ñóo la.
          Ŋ'te Kelefaa, niŋ ŋa kuu wóo kuu muta
          Saayaa le be ŋ'niŋ wó talandi la.
2185      Niŋ mbe futuu la ñiŋ ne kaŋ,
          Sanji woorowula mbe talaa la le.
          Wó tumóo a ye a tu jéé,
          A si kéé dóo ñiniŋ.
          Jinné sunkutu fulanjaŋóo fanaŋ niŋ a la móol dàkkorta
                wó la.
2190      Ye futuuwóo siti a niŋ Kelefaa teema.
          A keta a la musu fulóo ti.
          Wó le ye Kelefaa la kuuwóol koliyandi.
                        Balaamaŋ
          Ñancóo bi jéé.
2195      A niŋ a barimmaa, i maŋ laa ñóo la koteke.
          Sànka fanaŋ mu kéé kende baa le ti.
          Niŋ wuraaróo siita, Kelefaa ka taa suu bórindóo la,
          Suu taamaŋ taamandóo la.
          Wó Ñantana sutóo niŋ saate teema salóo bi jéé.

2200      Kelefaa taata suu taamaŋ taamandóo la.
          A barimmaa naata yelema ninkinankóo ti,
          A ye a batu salóo to.
          Ñancóo niŋ suuwóo bi naa la wó wuraarandiŋóo la.
          A futata salóo kaŋ doroŋ, ninkinankóo wilita,
2205      A ye a taki suuwóo kaŋ, a ye a busandi,
          A ye a jolondi jiyóo kono.

                  Xaa! Tenkiliŋ ŋanaa niŋ kànnii waali

                        Saarafaa Ñaaliŋ Jeenuŋ
          A niŋ a barimmaa dunta ñóo la jiyóo kono,
2210      A ye a miira wuluuwóo balafaa la.
          A lafita a bariŋóo faa la, a ye a tu jéé.
          Bariŋóo déwunta a bulu témbóo miŋ na,
          Ñancóo ye a bula.
          A seleta, a ye a la suuwóo taa, a naata suuwóo kono.
2215      A ye a baamaa kontoŋ.
          A baamaa ko a ye, taa i barimmaa kontoŋ!
          A taata a barimmaa kontoŋ.
          A ko a ye Kelefaa, biriŋ nuŋ ite be muntóo le?
          I baamaa be ŋ'ñininkaa la i la kuuwóol la.
```

He said to them: "You know that this cannot be.
"I have already signed a pact with my first wife.
"Because, if I, Kelefaa, am attached to any of my principles
"Only death will separate me from it.
2185 "If we marry in these conditions,
"We will separate in seven years.
"Therefore, it is preferable that she let the affair end
"And that she find another man."
The second female jinn and her men considered Kelefaa's proposition.
2190 She was then married to Kelefaa
And became his second wife.
It is what made the case of Kelefaa very complex.
  Balaamang!
The time passed.
2195 Kelefaa and his uncle failed to remain on good terms.
Sanka was also a man full of wit.
In the early evening, Kelefaa liked to go horseback riding.
He would ride his horse.
There is a bridge between the forest of Ñantana and the village.
2200 Kelefaa was horseback riding
When his uncle took the form of a dragon
And waited for him near the bridge.
The prince was returning on horseback late that afternoon.
When he was on the bridge, the dragon stood up on its feet.
2205 With a scratch, he made him fall off the horse
And carried him away in the water.

  Ah! The one-palm-tree-warrior and the old brave soldiers.
  Saarafaa Ñaaling Jeenung.
He and his uncle fought hand to hand in the water.
2210 He was affected by the pain he was inflicting on his relative.
He wanted to kill his uncle and decided otherwise.
When the uncle was gripped by despair,
The prince broke away from him.
He mounted his horse and returned to the house.
2215 He greeted his mother.
His mother told him: "Go greet your uncle."
He went to greet his uncle.
He said to him: "But where have you been lately, Kelefaa?
"Your mother was asking me about your news."

2220 A ko a ye, mbariŋ ŋa wó kumóo tu jéé.
A ko a ye, niŋ wuluuwóo ŋ'teŋ,
Mbe kuu ke la i la, kuu te jawyaa la wó la.
Ite ye muŋ ke,
I ka a fo mbaamaa be ŋ'ñininkaa la.
2225 Ite ye muŋ ke, ite ye wó loŋ ne,
Bari niŋ ŋ'maŋ miira wuluuwóo la,
Mbe kuu laa la i kaŋ, kuu te jawyaa la wó la.
Ñancóo ye a kóo dii.
A naata, a ye a wuraŋ, a dunta a la bunkono.
2230 I bi jéé,
Bariŋóo maŋ i sabari.
Luŋ kiliŋ wuraarandiŋ, ñancóo niŋ suuwóo funtita.

A ye Bijiini silóo muta, a taata suu taamaŋ taamandóo la.
A bi naa, a barimmaa taata yelema daafeŋóo ti,
2235 A ye a batu silóo kaŋ.
A futata a ma a niŋ suuwóo, a ko a ye,

Móoróo ŋa ñóóbóriŋóo ke.
A ko a ye, ŋ'te?
A ko a ye, xaa!
2240 A ko a ye, ñancóo ye i cippoŋ ñiŋ suuwóo kaŋ.
Karamóo a niŋ a barimmaa ye a ke, a daafemmaa.

Santóo diyaata ko liyóo,

Kelefaa maŋ a soto.
A bariŋóo ye a busandi, i dunta ñóo la.
2245 A lafita a faa la, a maŋ a faa nóo.
I wilita ñóó la, ye i beŋ
A barimmaa jiita a ti,
A lafita a faa la, jinné musóol be a niŋ a teema.
I wilita ñóo ti, ye i beŋ koteke,

2250 Bariŋóo jiita a ti.
A ye a la muróo bóndi a lafita pur ka Kelefaa faa,
Jinné musóol balanta.
Ñancóo naata sappi a bariŋóo dabakunkuŋ fulóo kaŋ,
A wilita a ti.
2255 A ye a bundaŋ daamiŋ calli a ye a ketundi, a daafemmaa.

2220	Kelefaa said to him: "Leave this affair aside, my Uncle.
	"If you were not my relative,
	"I would make you tremble with goose bumps.
	"With what you did,
	"You now claim that my mother was asking about my news.
2225	"You know very well what you just did.
	"But if I didn't have respect for our family line,
	"I would have punished you severely."
	The prince turned his back to him.
	He entered his room and undressed.
2230	Time passed.
	His uncle refused to do away with his passion.
	One day, in the late afternoon, the prince went out horseback riding.
	He headed toward Bijiini on his horse.
	His uncle took the form of a beast
2235	And watched for him on the road.
	As soon as Kelefaa approached him with his horse, his uncle called out to him:
	"Dear Master, I challenge you to a wrestling match."
	"Me?" Kelefaa said.
	"Yes, you," he responded.
2240	"Get off of your horse, dear prince!"
	Quickly, they grabbed each other—his uncle was in his animal form.
	The top position is as favorable as the taste of honey is delicious;
	However, Kelefaa didn't have the advantage [over his uncle].
	His uncle made him fall and they grabbed each other.
2245	His uncle attempted to kill Kelefaa without success.
	They picked themselves up and returned to hand-to-hand combat.
	The uncle took the advantage over him.
	He tried to kill Kelefaa and the female jinns intervened.
	They picked themselves up and returned to hand-to-hand combat.
2250	The uncle still had the advantage over him.
	He pulled out his knife to kill Kelefaa.
	The women intervened.
	The prince finally kneeled on his uncle's two shoulders.
	He freed himself.
2255	Kelefaa fired a shot at Sanka and suddenly Sanka fainted— still in his animal form.

A siita a kuntó, ketóo bota a ñaa to.
A ko a ye, mbariŋ ŋa i suuté le.
A ko a ye, fataŋ ma!
Niŋ i maŋ fataŋ ma, ŋ'te le be i kaburu la.
2260 Bariŋóo ye ñancóo tenkundi.

Siñaaróo janjaŋ mbulu siñaaróo
Baabaa duwaa le jaabita mbatufaa ma
Duwaa jaabi, mantaabeŋ
Duwaa le jaabita mbatufaa maa
2265 *Bii musóo musóo ka jele i fe i la kóoróo kaŋ*
Yoobaa ŋa a suuté le yoobaa baa konkoloŋ

Balaamaŋ!
Tenkiliŋ ŋanaa niŋ kànnii waali.

Cerno Burayma Kebe diŋóo, Kebe Jakaraasi.
2270 Fulaŋóol dànnaa a niŋ faadiŋóol dànnaa.
Niŋ ye a fo tóóléé baa niŋ kawyéé baa ye,

A si baraŋ, a ye taa lóo sila fatóo kaŋ.
A ye kurtusiŋóo birija jaŋ na niŋ jaŋ na.
A ko i ye, jali baa, i taata sila jumaa la,

2275 Waraŋ fina baa i taata sila jumaa la?
Seruŋ ŋ'te ye kuntiŋóo bay ŋ'siŋ kolomóo la ŋa
  a muta.
A si a mira boróo mu ñóo daŋóo ti.
Boróo maŋ ke ñóo daŋóo ti.
Kéébaaróo lom ñóo daŋóo ti.
2280 Móo kéébaarantaŋ móó kondiŋ
Kebe Jakaraasi.
Balaamaŋ
Ñancóo bi jéé. A ye a tara
A la jinné musóol ye ñiŋ ne fo a baamaa ye, ko,

2285 Kelefaa, niŋ a baluuta, Ala ye a baluu,
Feŋ woorowula a si a xakkilóo tu wó to,
A si silaŋ wól la.
Bari wó feŋ woorowulóo mu muŋ ne ti?
Móol lom.
2290 Bari wo feŋ woorowulóo koolaa,
Kidóo te a duŋ na,
Faŋóo te a duŋ na,

Kelefaa sat near him. Sanka returned from his unconsciousness.
Kelefaa said to him: "I recognize you, my Uncle.
"Leave me in peace.
"If you don't, I will bury you."
2260 The uncle no longer tormented the prince.

    Siñaaroo Janjang Mbulu Siñaaroo.
    The wishes of my patron's father have been granted.
    Granted wishes, good fortune,
    The wishes were granted to my patron.
2265   *Today's women laugh at you about your woes.*
    Indeed, I recognized her and she can't do anything
        against me.
    Balaamang.
    The one-palm-tree-warrior and the old brave soldiers.

    Kebe Jakaraasi, son of Cherno Burayma Kebe.
2270   You are master of your peers and your rivals.
    When you say the same thing to an idiot or to a
        pretentious person,
    He will run full speed up to the side of the road.
    Then he will pull up his pants to the knee,
    And then turn around to ask: "Great *Jali*, what road
        did they take?"
2275   Or even: "Great *Fina*, what road did they take?
    "Last year, I pursued, barefoot, an imbecile and I
        caught him."
    So he believes that running is racing.
    Running is not racing.
    Hard work is racing.
2280   A lazy man is a useless man.
    Kebe Jakaraasi.
    Balaamang!
The time passed. It so happened that
The jinn wives of Kelefaa had called his mother's attention
    to this:
2285 "If God helps Kelefaa to live a long time,
"He will have to pay attention to seven elements,
"He will have to avoid them.
"But what are those seven elements?"
"They are people.
2290 "Aside from these seven elements,
"He will stay invulnerable to the gun.
"He will be invulnerable to the sword.

Tàmbóo te a duŋ na,
Muróo te a duŋ na,
2295 Kortee te tuus nóo la a ye.
Bari ñiŋ feŋ woorowulóo a si silaŋ wó la.
Ñiŋ feŋ woorowulóo fanaŋ, a be Badóóra Birikaama i
   tilibóo la.
Wó lom Bijiini ti.
Ñancóo bi jéé, Badóóra bànkóo kaŋ.
2300 Labaŋóo a maŋ keleñóo soto.
Kelefaa jaakalita.
A la kontoŋóo nin siimaŋóo be a bulu,
A maŋ a loŋ a be a ke la ñaamiŋ.
Wó lom munkóo niŋ kesóo ti.
2305 A naata lóo Maryaama Nànki kuntó.
A ko a ye ŋ'na! Mbi taa Bijiini duwaa ñiniŋóo la.

A baamaa ko a ye, bisimila!
A taata, a futata Bijiini.
Jumakuŋ woorowula i be duwaa la Kelefaa ye Bijiini
   saatewóo to.
2310 Jumakuŋ woorowulanjaŋóo wuraarandiŋóo, ye a bula.
A bi taa. A taata, a niŋ kambandiŋóol benta.
I bota naŋ karanlóo ñinóo la.

A ye kambandiŋ woorowula muta wól kono.
Jinnóo ye muŋ fo a bi naa.
2315 A ko a ye feŋ woorowula, i si silaŋ wó la.
Wó feŋ woorowulóo móol lom,
Bari a be Badóóra Birikaama tilibóo la.
Bijiini duŋ be Birikaama tilibóo le la.
A ye wó kambandiŋ woorowulóol muta, a niŋ i taata Bajeeba.
2320 A taata i saŋ kidimunkóo la a niŋ dolóo a niŋ kesóo.
A ko a be silafandóo le ke la.
Wó dindiŋ tóómaal muruuta suuwóo kono.
I futata suuwóo kono. I ko, xaa, ŋ'tel niŋ kééwóo benta,
A ye ŋ'kafuñóo móo woorowula muta, a fele a niŋ i taata.
2325 Ye a bayndi, i taata a tara Bajeeba.
Ye a tara a ye wól béé waafi.
Ye a ñininkaa, a ko i ye, ŋ'te le ŋa i taa.
Ŋa i waafi le. Mbe i ke la silafandóo le ti.
Wó kiilaal muruuta naŋ.
2330 I futata Bijiini, ye kéébaal béndi.

	"He will be invulnerable to the dagger.
	"He will be invulnerable to the knife.
2295	"Evil charms can do nothing against him.
	"However, he should avoid these seven elements.
	"These seven elements reside in the east of Badoora Birikaama."
	That is Bijiini.
	The prince was still staying in the land of Badoora.
2300	At the end, he did not meet any new adversaries.
	Kelefaa felt a real anxiety.
	His lunch and dinner were cooling before his eyes
	And he did not know what to do about them.
	That was the bullet and the gun.
2305	He came near Maryaama Nanki.
	He said to her: "Mother, I am going to Bijiini to ask for their blessing."
	His mother said to him: "Go ahead."
	He left for Bijiini.
	For seven Fridays, they were only blessing Kelefaa in Bijiini.
2310	On the afternoon of the seventh Friday, he was freed.
	On his return trip, he met some young boys
	Who had gone in search of deadwood fire for their evening classes.
	He seized seven young boys in the group.
	The fears of the jinn begin to become reality.
2315	She had asked him to avoid seven elements,
	And these seven elements are human beings
	Who reside on the east side of Badoora Birikaama.
	Now Bijiini was situated at the east of Badoora Birikaama.
	He seized the seven children and took them to Bajeeba
2320	Where he bartered them for ammunition and wine.
	He said he would use them as gifts.
	The classmates of these children returned to their homes.
	Upon their arrival, they said: "Look! We met a man
	Who caught seven of our friends and he left with them."
2325	He was pursued to Bajeeba.
	They found out that he had traded all of them.
	When he was asked, he said: "I caught them.
	"I already traded them for travel gifts."
	The emissaries headed back home.
2330	They arrived at Bijiini and gathered the elders of the village.

Ye wó kumóo yitandi kéébaal la.
I ko, ŋa Kelefaa dànka.
I la móóróo bi jéé,
I ka a fo a ye Suleymaan Baa Baayo.
2335 Wó le bota naŋ Tumbukutu.
A bota naŋ Tumbukutu tembóo miŋ na,
Ka naa Badóóra bànkóo kaŋ,
A ye jumaa le tara mansayaa la? Kumbiti Nànki.
Sànka Baa le ye a wuluu.
2340 Wó le ye Sànka Nànki wuluu.
Wó le ye Maryaama Nànki fanaŋ wuluu.
Wó Suleymaan Baa Baayo, Tumbukutu Baayóo lom.

Wó le ye Fojaa Baayo wuluu, a ye Munka Baayo wuluu.
Wó Fojaa Baayo, wó le ye Kummuusi lóo.
2345 Munka Baayo le ye Bemme lóo.
Wó be duŋ na Badóóra bànkóo kaŋ témbóo miŋ na,
Bijiini Kanjaara Daabóol wól le mu a jiyaatiyóol ti.
A be duŋ na Bijiini bànkóo kaŋ témbóo miŋ na,
A niŋ kidikolomóo keme, a niŋ tanwooro, a niŋ wó le
   dunta jéé.
2350 Móóró mansóo lom Suleymaan Baa Baayo.
Biriŋ a naata, i ko Kumbiti Nànki ye ko,
Móóróo fele a dunta i la bànkóo kaŋ.
Niŋ i maŋ xakkilóo tu,
Ñiŋ ne be i la mansayaa tiñaa la.
2355 A ko i ye, niŋ a niŋ kayróo naata,
A si a tara mbulu jaŋ.
Mbe sii la mbe a juubéé la.
Suleymaan Baa Baayo be Bijiini Kanjaara Daabóol yaa.

A maŋ naa bànkóo mansakééwóo kontoŋ.
2360 A ye a tara wó tumóo móol siifaa fanaŋ be Kaabu bànkóo kaŋ,
I ka a fo wól ye Biriŋ.
I ka naa Badóóra bànkóo kaŋ,
I ka dindiŋóol suuñaa, i ka téé i ti.
I ka duŋ naŋ Badóóra boloŋóo la,
2365 I niŋ i la kuluŋóo le ka naa.
Niŋ ye dindiŋóol muta, ye i samba.

Dànnóo be Suleymaan Baa Baayo bulu,
Wó le ka déémóo ke a ye.
Wó dànnóo taata wó déémóo la,

They related their experience to the elders.
They said: "Let us cast a spell on Kelefaa!"
Their head cleric was at the meeting.
His name was Suleymaan Baa Baayo.
2335 He was originally from Timbuktu.
When he left Timbuktu
To come settle in the kingdom of Badoora,
Whom had he found on the throne? Kumbiti Nanki!
Sanka the Great fathered him.
2340 He fathered Sanka Nanki.
He also fathered Maryaama Nanki.
That Suleymaan Baa Baayo is part of the lineage of the Baayos of Timbuktu.
He fathered Fojaa Baayo and Munka Baayo.
It is Fojaa Baayo who founded Kummusi.
2345 Munka Baayo founded Bemme.
When he came to live in the kingdom of Badoora,
The Kanjaara Daabos of Bijiini were his hosts.
In coming to live in the land of Bijiini,
He came in with one hundred and sixty spears.

2350 Suleymaan Baa Baayo was a royal cleric.
Once he settled down, they said to Kumbiti Nanki:
"There is a cleric who came to reside in your domain.
"If you do not pay attention to him,
"There is a risk that he will dethrone you."
2355 He responded to them: "If he brought peace with him,
"He will find peace in my land.
"I will sit and watch him."
Suleymaan Baa Baayo was still at the Kanjaara Daabos of Bijiini.
He had still not come to present his respects to the king.
2360 At the same time, there existed a race of men in the Kaabu
Who were called the Birings.
They used to infiltrate into Badoora,
Where they would steal Mandinka children to bring back home.
They came by the tributaries of Badoora.
2365 They came in canoes.
When they had caught the children, they brought the children with them.
Suleymaan Baa Baayo had a hunter.
He used to hunt for him.
He had gone hunting.

2370 A naata Biriŋóol je i niŋ i la kuluŋóo naata.
I seleta i niŋ i la kidóol i niŋ i la kalóol i niŋ i la tàmbóol.

I dunta wulóo kono, i bi taa silóol batu la.
Ate be siiriŋ daamiŋ, a ye i je.
A fanaŋ maŋ naa kidóo fay.
2375 A taata, a futata.
A ko Suleymaan Baa Baayo ye ko,
Móol mul ka naa ñiŋ bànkóo kaŋ,
I ka Màndinka dindiŋóol muta,
I ka téé i ti, ŋ'te ŋa i je le bii.
2380 A ko a ye, ye i je le?
A ko a ye, xaa!
Ite fili la jéé dulaa ma?
A ko a ye, ŋa i je le. I la kuluŋóo xay naŋ seleriŋ.

Suleymaan Baa ye a la taalibóol kili,
2385 Ye kidóol cika.
I taata fo dànnóo ye jéé yitandi i la,
Ye teeraŋóo taa,
Ye i la kuluŋóo béé faraŋ faraŋ,
Ye i la làppe taa.
2390 I taata i tara bitiŋ daamiŋ ye i kelendi.

A ye móo keme niŋ móo tanluulu muta wól to.
A niŋ i naata Bijiini.
Biriŋ a futata Bijiini, a ko,
Bànkóo mansakéé, saayiŋ mbi taa la, mbi taa kontoŋ na.
2395 Niŋ ye a je biriŋ ŋ'naata, maŋ taa a kontoŋ,
Maŋ silafandóo le soto.
A ye móo tanluulu muta, a ye i samba Kumbiti Nànki ye.
A futata, a ko Kumbiti ye ko,
Ŋ'naata i kontoŋ ne.
2400 Niŋ ye a je biriŋ ŋ'naata, maŋ naa i kontoŋ,

Maŋ silafandóo le soto.
Bari ye alfaayaa sii le.
Niŋ i keta alfaa kawyéé ti
Niŋ sémbóo muŋ ŋ'dunta i la bànkóo kaŋ,
2405 Dennuŋ i naata ŋ'kelendi.
Bari ite mu alfaa le ti muŋ alfaayaa timmata le.
I maŋ ke kawyéé ti, i maŋ ke tóóléé ti.

2370	He later saw the Birings rowing on their canoes.
	They walked up the coastline with their guns, lances, and knives on.
	They went into the brush and were on the lookout for tracks.
	The hunter followed their movements from his watching post.
	He thought it wise not to shoot his gun.
2375	He returned home.
	He said to Suleymaan Baa Baayo:
	"I saw the men who come into our territory
	"To steal our Mandinka children
	And make them cross the tributary. I saw them today."
2380	"You saw them?" Suleymaan Baa Baayo asked him.
	The hunter said: "Yes."
	He asked: "Will you be able to recognize the place?"
	The hunter said to him: "I saw them with my eyes. They moored their canoe."
	Suleymaan Baa Baayo reassembled his disciples.
2385	They equipped themselves with their guns.
	The hunter accompanied them to the place.
	They grabbed their axes,
	They broke the Birings' canoe into pieces.
	Then they followed their footprints.
2390	They fought against them where they had established their ambush.
	Suleymaan Baa Baayo seized one hundred fifty prisoners.
	He took them to Bijiini.
	After he arrived at Bijiini, he said:
	"Now, I am going to present my respects to the king.
2395	"I failed him simply because
	"I did not have gifts from my voyage with me."
	He took fifty prisoners and handed them to Kumbiti Nanki.
	When he got to the home of Kumbiti, he said to him:
	"I came to present my respects to you.
2400	"If you see I did not come to present my respects to you since my arrival,
	"It is because I did not have gifts for you.
	"But you surely merit your title of king.
	"If you were an idiot of a king,
	"Knowing that I had entered with full force into your kingdom,
2405	"You would have come to fight me.
	"But you are an accomplished king.
	"You are not an idiot or a bag of words.

```
            Bari bii ŋ'ko ŋ'si naa ŋa naa i kontoŋ.
            Niŋ ŋ'na silafandóo keta móo tanluulu.
2410        A ko a ye, ite la silóo mu muŋ ne ti?
            A ko a ye, ŋ'te mu móóróo le ti.
            A ko a ye, ŋa i bula ŋ'na bànkóo kaŋ.

            Sii dulaa daamiŋ diyaata i ye, i si sii jéé i niŋ i la siiñóo.
            Wó lom Bijiini móóri folóo ti, wó Suleymaan Baa Baayo.
2415        I ko a ye ŋa ñiŋ danka ŋ'duwaata ñiŋ muŋ ye.

            A ko i ye, duwaa ye dankóo saawaŋ ne.

            Ŋa a danka kuu kiliŋ na, a ñimmaa ye taa.
            Ala kana a ñimmaa murundi naŋ jaŋ.
            Ye wó dankóo fanaŋ ke jumakuŋ wooro,
2420        Woorowulanjaŋóo, i be i bàndi la jaamaŋóo koto,

            Kelefaa lóóta jaamaŋóo daa la.
            A ko i ye al ye duwaa muŋ ke, a mutata le.
            Dankóo al ye muŋ fanaŋ ke, a mutata le.
            Luŋ si sii al si ñaani ŋ'te Kelefaa ma
2425        Badóóra bànkóo kaŋ.
            Fulóol be labaŋ na jaŋ maróo la
            Fo jaŋ niŋ dunyaa be ke la ñaamiŋ.
            Bari luŋ si naa sii al si naa soola ŋ'te Kelefaa la,
            Bari al ye dankóo muŋ ke a mutata le ko.
2430        Al ye duwaa muŋ fanaŋ ke, a mutata le.
            A ko ŋ'te bi taa la.
            Kelefaa ye a kóo dii, a taata.
            A taata Fuuta mansa Karikoŋ Bànnaa kaŋ.
            A ko a ye, Fulóo, ŋ'naata i ñininkaa mansa jumaa niŋ mansa
                    jumaa
2435        Le taata mansayaa ñiniŋ Màndiŋ ne?
            Wó tumóo mansóol ka taa mansayaa ñiniŋ Màndiŋ ne.
            A ko a ye, ŋ'te Fuuta mansa Karikoŋ Bànnaa,

            A niŋ Patiŋ mansa Tafuru Tandi
            A niŋ Wulli mansa Jalaa Waali
2440        A niŋ Ñaani mansa Jalaŋ Konko,
            Jaara mansa Jaasii Bànnaa,
            Badibu mansa Sankalaŋ Maroŋ,
            Kiyaŋ mansa Jifaaroŋ Koto,
            Ñóómi mansa Sanakéé Jemmé,
```

"This is why I chose to come to greet you today
"With my gift that includes fifty men."
2410 Kumbiti Nanki asked him: "What path do you follow?"
He responded: "Me, I am a cleric."
Kumbiti Nanki said to him: "I offer you hospitality in my kingdom.
"You can stay, with your faithful, in any place you like."
That Suleymaan Baa Baayo is the first cleric of Bijiini.
2415 They said to the cleric: "Let us renounce the blessing we have given Kelefaa!"
He responded to them: "The blessing has already outstripped the curse.
"All that we can do is to pray that he goes far from here.
"And God forbids he ever return here."
They spent six Fridays cursing Kelefaa.
2420 When, on the seventh Friday, they were ending their prayers in the mosque,
Kelefaa stood up by the door of the mosque.
He said to them: "Your blessings were granted.
"Your curses were also granted.
"One day, you will need me, Kelefaa,
2425 "In the land of Badoora.
"The Fulas will end up governing this land
"Until the world has changed.
"But a day will come when you will need me, Kelefaa.
"But let me remind you that your curses were granted
2430 "And your blessings were equally granted.
"I bid you farewell," he said.
Kelefaa turned his back and left.
He left to make a visit to Karikong Bannaa, the king of Fuuta.
He said to the king: "My dear Fula, I came to ask you the list of kings
2435 "Who were crowned in Manding."
At the time, the kings were awarded kingship in Manding.
The king said to him: "That was I, Karikong Bannaa, king of Fuuta,
"Tafuru Tandi, king of Pating,
"Jalaa Waali, king of Wulli,
2440 "Jalang Konko, king of Ñaani,
"Jaasee Bannaa, king of Jaara,
"Sankalang Marong, king of Badibu,
"Jifaarong Koto, king of Kiyang,
"Sanakee Jemme, king of Ñoomi,

2445 Saalum mansa Jiléy Njaay, Taara Njaay, Baaxa Njaay.

A ko a ye ŋ'tel mansa foloŋ ne taata mansayaa ñiniŋ
   Màndiŋ.
A ko a ye munkóo niŋ kesóo be mbulu.
Mbe i waafi la.
Fulóo ko a ye, tàmbi ŋ'na bànkóo la.
2450 Kele te i niŋ ŋ'teema.
Ŋa i buuñaa joŋ keme la a niŋ suu keme,
I si tàmbi.

Balaamaŋ! Tenkiliŋ ŋanaa niŋ kànnii waali

Suuwóol be dóŋ na maaróol la suuwóol be dóŋ na

2455 *Janfaa tiñaata suuwóol be dóŋ na*
Yee fo i maŋ a je suuwóol be dóŋ na wóo
Janfaa tiñaata suuwóol be dóŋ na
Ali ŋa sumuŋ dunyaa la
Yaarafaŋ mbeŋ sumuŋ dulaa
2460 *Ŋ'teŋ balaa baŋ dulaa de*
Kuma maŋ feeyaa dali maŋ bete
Saayaa maŋ diyaa muumeeke
Ali ŋa silaŋ ŋ'na janfaa la
A ka diyaññe kuuwóo le tiñaa de
2465 *Joŋóo be semberiŋ joŋ ne*
A maŋ sembe feŋ na fo tumbu niŋ baabaa
Ali ŋa ntuuku mansóo la
Jaalika falilulaaxi yuuti manyasaawu
Wallaaxi sul faliilu li asil
2470 *Saayaa mu saŋ nóólaa ti*
Jaabi Kasama Jaakonlaa niŋ Jaakoŋ Sàmbu
Kelefaa Kelefaa Kelefaa Kelefaa Kelefaa
Jalóol al numbaara
Maryaama Nànki diŋóo be laariŋ Jóókaadu Baariyaa le
2475 *Tumbu maŋ Kelefaa domo*
Sulu maŋ Kelefaa domo
Duwa maŋ Kelefaa domo
Baabaa maŋ Kelefaa domo
Bari a muumeeke
2480 *A tooñaa la*
Wó ñaa lom ñancóo ye a paree, a maŋ silóo baayi.
A naata Patiŋ mansa Tafuru Tandi kaŋ.

2445	"And Jiley Njaay—Taara Njaay, Baaha Njaay, king of Saalum.
	"We were," the king said to him, "the first kings crowned in Manding."
	Kelefaa said to him: "I have the gunpowder and the bullet.
	"I am selling them."
	The Fula said to him: "You can cross my kingdom.
2450	"We are not war enemies.
	"I offer you one hundred slaves and one hundred horses.
	"You can cross my kingdom."

> *Balaamang! The one-palm-tree-warrior and the old brave soldiers.*
> *The horses are dancing, the warriors' horses are dancing.*
> 2455 *The world has broken apart, the horses are dancing.*
> *Why don't you see that the horses are dancing?*
> *The world has broken apart, the horses are dancing.*
> *Let us take advantage of our lifetime,*
> *For we came to this earth for a limited time,*
> 2460 *Not for eternity.*
> *Talk is not easy, use is not good.*
> *Death is no pleasure at all.*
> *Let us fear our death*
> *Because it breaks our good habits.*
> 2465 *Man leans on other men*
> *But he's not leaning on anything but worms and termites.*
> *Let us rely on the Lord for His mercy.*
> *Jaalika faliilulaahi yuuti al mulku man yasaawi*
> *Wallaahu sul faliilu yasiimu.*
> 2470 *Death is only good at making mourners.*
> *Jaabi Kasama the Jakong and Jakong Sambu.*
> *Kelefaa, Kelefaa, Kelefaa, Kelefaa, Kelefaa.*
> *Good evening, Jalóol!*
> *Maryaama Nanki's son is lying in Jookaadu Baariyaa.*
> 2475 *The worms didn't eat Kelefaa.*
> *The hyenas didn't eat Kelefaa.*
> *The vultures didn't Kelefaa.*
> *The termites didn't eat Kelefaa,*
> *But he himself.*
> 2480 *Yes, it is true.*

After that, the prince made the decision to pursue his mission.
He went to visit Tafuru Tandi, king of Pating.

Ñancóo ye a dànte wó fanaŋ ye kontoŋóo niŋ siimaŋóo la.

Wó lom munkóo niŋ kesóo ti.
2485 Wó fanaŋ ye kullaabaay Dalaa Ŋalen na Jóólaa ye.

A ko a ye, tàmbi ŋ'na bànkóo la.
Kele te i niŋ ŋ'teema.
A ko a ye ŋa i buuñaa joŋ keme.
Ñancóo maŋ silóo baayi muume.
2490 A naata Wulli mansa Jalaa Waali kaŋ.
Wól lom Manjaŋ Ñaako Waalóol ti
Sàmbu niŋ Sulukóo Sàmbu mamariŋóo.
Ñiŋ Waaliyóol muŋ be mansayaa la Wulli,
Manjaŋ Ñaako Waali lom.
2495 Itel ye a sutiyandi, i ko i ye Waali.
Ñancóo ye a dànte wól fanaŋ ye kontoŋóo niŋ siimaŋóo la.

Wó lom munkóo niŋ kesóo ti.
Wól fanaŋ ye kullaabaay Dalaa Ŋalen na Jóólaa ye.

I ko a ye, tàmbi ŋ'na bànkóo la.
2500 Kele te i niŋ ŋ'teema.
Ŋa i buuñaa suu keme la.
Ñancóo kontineeta, a maŋ silóo baayi.
A naata Ñaani mansa Jalaŋ Konko kaŋ.
Wól lom Jabula Tandóol ti.
2505 Ñancóo ye a dànte wól fanaŋ ye kontoŋóo niŋ siimaŋóo la.

Wó lom munkóo niŋ kesóo ti.
Wól fanaŋ ye kullaabaay Dalaa Ŋalen na Jóólaa ye.

I ko a ye, tàmbi ŋ'na bànkóo la.
Kele te i niŋ ŋ'teema.
2510 Ñancóo maŋ silóo baayi muume.
A naata Jaara mansa Jaasii Bànnaa le kaŋ.
Wól lom Jaasii Maróo ti.
Tàmbaa kuubali a niŋ sanji naani kelelaa.
Ñancóo ye a dànte wól fanaŋ ye kontoŋóo niŋ siimaŋóo la.

2515 Wó lom munkóo niŋ kesóo ti.
Wól fanaŋ ye kullaabaay Dalaa Ŋalen na Jóólaa ye.

I ko a ye, tàmbi ŋ'na bànkóo la.

The prince made him a challenge in proposing his lunch and
    dinner,
Which are the gunpowder and the bullet.
2485 He, too, rejected the great-grandson of Dalaa Ŋalen's
    challenge of war.
The king said to him: "You can cross my kingdom.
"We are not war enemies.
"I offer you one hundred horses."
The prince was still determined to pursue his objective.
2490 He went to pay a visit to Jalaa Waali, king of Wulli.
The people of his lineage are called Manjang Ñaako Waali,
Sambu and Sambu of Sulukoo's grandchildren.
The Waalis who sit on the throne in Wulli
Are called Manjang Ñaako Waali.
2495 They shortened their name by calling themselves Waali.
The prince made them a challenge in proposing his lunch and
    dinner,
Which are the gunpowder and the bullet.
They also rejected the great-grandson of Dalaa Ŋalen's
    challenge of war.
They said to him: "You can cross our kingdom.
2500 "We are not war enemies.
"We offer you one hundred horses."
The prince was still determined to pursue his objective.
He went to pay a visit to Jalang Konko, king of Ñaani.
People call them the Jabula Tandi.
2505 The prince made them a challenge in proposing his lunch and
    dinner,
Which are the gunpowder and the bullet.
They also rejected the great-grandson of Dalaa Ŋalen's
    challenge of war.
They told him: "You can cross our kingdom.
"We are not war enemies."
2510 The prince was still determined to pursue his objective.
He went to visit Jaasee Bannaa, king of Jaara.
The people of his lineage are also called Jaasee Maroo,
"The four-year-fighters-who-refuse-to-bathe."
The prince made them a challenge in proposing his lunch and
    dinner,
2515 Which are the gunpowder and the bullet.
They also rejected the great-grandson of Dalaa Ŋalen's
    challenge of war.
They told him: "You can cross our kingdom.

Kele te i niŋ ŋ'teema.
A naata Badibu mansa Sankalaŋ Maroŋ kaŋ.
2520 Ñancóo ye a dànte wól fanaŋ ye kontoŋóo niŋ siimaŋóo la.

Wó lom munkóo niŋ kesóo ti.
Wól fanaŋ ye kullaabaay Dalaa Ŋalen na Jóólaa ye.

I ko a ye, tàmbi ŋ'na bànkóo la.
Kele te i niŋ ŋ'teema.
2525 A naata Kiyaŋ mansa Jifaaroŋ Koto kaŋ.

Wól lom Saañaŋ jata dóo baa ti.
Kóóriŋóo kili Tàmbaa Maamuudu.
Kele ke dokóo la.
Sansaŋóo téé konkoliyaa la.
2530 Maamaŋ Wuru niŋ Suufaa Duuta;
Faŋ Sumaŋ Santaŋóo a niŋ Bééri Jeenuŋ.
Kabaa koto jiyóo maŋ diyaa

Bari a biilaalu ñiiñaata.
Kóóriŋóo te kunu fiŋ
2535 Ate kunu koy ti
Fo niŋ a tiita mul ñaa la.
Wól taatóo suunu niŋ seewóo
Wól naatóo kóóréé baa kenkeŋ.
Wallaaxi!
2540 Ñancóo ye a dànte wól fanaŋ ye kontoŋóo niŋ siimaŋóo la.

Wól fanaŋ ye kullaabaay Dalaa Ŋalen na Jóólaa ye.

I ko a ye, tàmbi ŋ'na bànkóo la.
Kele te i niŋ ŋ'teema.
A naata sii mintóo le?
2545 A naata sii Kiyaŋ Tankulaar sanji luulu.
A ye a foñondi wó to.
A la kordaa fele jéé kom mbe ñiŋ bunkono ñaamiŋ.
A niŋ baa teemóo maŋ tàmbi
Jaŋ niŋ ñiŋ daa baa la.
2550 Wó sanji luulóo a be jéé.
Muŋ ne ye a tinna naŋ ye Kelefaa loŋ?
Jalóo le bota naŋ Kaabu, i ka a fo a ye Jali Musaa.
A naata jumaa ñóol le juubéé Kulaari?
Njaay kundankóol.

"We are not war enemies."
He went to pay a visit to Sankalang Marong, king of Badibu.
2520 The prince made them a challenge in proposing his lunch and dinner,
Which are the gunpowder and the bullet.
They also rejected the great-grandson of Dalaa Ŋalen's challenge of war.
They told him: "You can cross our kingdom.
"We are not war enemies."
2525 He went to pay a visit to Jifaarong Koto, king of Kiyang.

    They are the other great Saañang lions.
    I name the warrior Tambaa Maamuudu,
    Who fights with the big stick
    And breaks the fence with the hoe.
2530   Maamang Wuru and Suufaa Duuta,
    The Fang Sumang Santang and Mount Jeenung.
    Near the wild vine the water may taste badly
    But those who draw from it are beautiful.
    A warrior is not a black bird,
2535   He is not a white bird
    Until he flies before your own eyes.
    They leave with pain and pleasure.
    They return with large cattle.
    True.
2540 The prince made them a challenge in proposing his lunch and dinner.
They also rejected the great-grandson of Dalaa Ŋalen's challenge of war.
They told him: "You can cross our kingdom.
"We are not war enemies."
Where did he settle afterward?
2545 He went to settle in Kiyang Tankulaar five years.
He rested there.
His house is still there, standing as well as the room I am in.
Its distance from the seaside does not exceed
The space between the main door and here.
2550 During the five years he was there,
How did they find out about Kelefaa?
A *jali* came from Kaabu; they call him Jali Musaa.
Whom did he come to visit in Kulaari?
The Njaay family.

2555 Baariyaa niŋ Kulaari le ye baa bolondiŋóo bula teema.

Wó Kulaari Njaayóol, i bota Bajeeba le.
Itel le ka alkaaliyaa Kulaari,
Itel le ka almaamiyaa jéé.
Jalóo naata wól le juubéé.
2560 A naata mansa Demba kibaaróo móy Ñóómi Berendiŋ.
Wó mansa Demba, a niŋ Xamadaado Seekan Demba le wuluuta.
Suukuŋ be Tambana,
Falikuŋ be Meeme,
Finkintee dokóo be Daasilaami Kankurantaba,
2565 Dumbukankuntóo be Baali.
Kelefaa lóóta saate muntóo,
I baadimmaa lom. Móol saba lom.
Ñiŋ móol sabóol béé mu dànnóol le ti.
Kotóo futata Kulaari le, muŋ folóo ye Baariyaa lóo.

2570 Wó tumóo kuluŋóol te kéériŋ.
Banjoŋóol i ka wól le téé, ye i siti ñóo bala.
Ye i laa jiyóo kaŋ ye téé a la, wó baa boloŋóo la.

A ka naa déémóo la Baariyaa wulóo kono.
A naata jéé je, jéé neemata a fe.
2575 A siita jéé.
A ye saatewóo lóo jéé, a ko jéé Baariyaa.
Bari wól faŋóol ye i la kontoŋóo yelemandi.
Saayiŋ i ka a fo i ye Suur.
Arfaŋ Ŋansu Suur bi jéé le. Ate lom Baariyaa almaamóo ti.
2580 A dóómaa bi jéé, wó mu komersoŋóo le ti.

Jurtól baŋ ne
Wula baa kelóo ye jurtól baŋ ne
Way yee kelóo ye jurtól baŋ ne
Wula baa kelóo ye jurtól baŋ ne
2585 Biriŋ wó siita jéé, a dokokéé muŋ be a nóóma,
Wó ye a bayndi naŋ. Wó fanaŋ mu dànnóo le ti.
Wó fanaŋ naata sii jéé.
Wó ka taa déémóo la, a naata saatewóo je,
I ko jéé Baali. Wó siita jéé.
2590 A ko a ye, ŋ'kotóo, ŋ'te fanaŋ ŋa saatewóo je i daa la jaŋ.
Wó fanaŋ dóóma naata.
Wó fanaŋ mu dànnóo le ti.
A bi taa déémóo la, a naata Tàmbana je.
A ye jéé lóo, a siita jéé, i ko jéé Tàmbana.

2555	The Bawo Bolong, a small tributary, separates Baariyaa from Kulaari.
	The Njaay family of Kulaari is originally from Bajeeba.
	They are the chief notables of Kulaari.
	They are also the clerics of Kulaari.
	The *jali* had come to pay them a visit.
2560	They told him about King Demba of Ñoomi Berending.
	King Demba is Hamadaado Seekan Demba's brother.
	Suukung is in Tambana.
	Falikung is in Meeme.
	The blind man's cane is in Daasilaami Kankurantaba.
2565	The clay pot with broken wings is in Baali.
	Kelefaa was staying in a territory
	Where the three founders were brothers.
	These three people were all hunters.
	The elder brother who founded Baariyaa came to settle in Kulaari.
2570	At the time, there were no boats.
	They used to tie bamboo canes together.
	Afterward, they would set the raft in the water in order to cross the tributary.
	He used to go hunting in the woods of Baariyaa.
	He saw the open land that seemed of good omen to him.
2575	He stayed there.
	He founded a village and called it Baariyaa.
	Today, the family has changed their name.
	Nowadays they are called Suur.
	Arfang Ŋansu Suur lives there. He is the imam of Baariyaa.
2580	His son lives there. He is a tradesman.

> *The wild dogs are extinct.*
> *War has exterminated the wild dogs of the forest.*
> *Yea, the wild dogs are extinct.*
> *War has exterminated the wild dogs of the forest.*

2585	After he settled there, his younger brother
	Came after him. He too was a hunter.
	He settled there.
	While he was hunting, he saw an open land.
	He called it Baali and settled there.
2590	He said to him: "My older brother, I found a land next to you."
	He too was joined by his younger brother.
	That one was also a hunter.
	While he was hunting, he saw Tambana.
	He settled there and called it Tambana.

2595 Itel ñiŋ baadimmaa móol sabóo be siiriŋ.
Bari Kaabunkóol lom.
Biriŋ Kaabu kelóo,
Ye janjandiróo ke le, i naata sii Kasinkadu,
I ko Kasinkóol.
2600 Wó fanaŋ kotóo le be a la.
Bambaraŋ kaŋóo lom Kasinkóo ti.
Kéé be muŋ kasiwa?
Kelóo boyta.
I la kééwóo dewunta,
2605 A siita, a be kumbóo la.
A kafuñóol naata, i ko a ye, kéé be muŋ kasiwa?
I ko Kasinkóo.
Seereeróo Màndinka kaŋóo lom.
Màndinkadu dindiŋóol ka wó ke donkilóó ti.
2610 Dumbu dumbu Seereeróo, dumbu Seereere.
Wandi diŋóo bulata dumbóo kono wó dumbu Seereere.

Ali a bula a ye bantóo juubéé dumbu Seereere.
Kelóo le koliyaata.
Fondinkéé kiliŋ dewunta.
2615 A taata bula xawlóo kono.
A kafuñóol naata, ye a tara jéé.
I ko a ye, dumbu dumbu Seereeróo, dumbu Seereere.
Wandi diŋóo bulata dumbóo kono wó dumbu Seereere.

Ali a bula a ye bantóo juubéé dumbu Seereere.
2620 I ko Seereeróo.
A béé Kaabunka, a béé Màndinka.

Saaliyaa Ndambu Saaliyaa,
Kóóruŋ batóo be kuma la Ndambu ma Saaliyaa,

Saaliyaa jula ye a laa.
2625 *Yaarafaŋ lóólaa béé mu laalaa ti.*
Niŋ i ye turaabi bànkóo
Konkoŋ ŋanaa jamaa si'i dankuŋ i ma
Wól maŋ kasankéé faanóo soto muumee.
Xani bii mbe Kelefaa la kiisatóo le kono.
2630 Ñiŋ béé be Kelefaa la istuwaaróo le kono de.
Wó doko baadimmaa móo sabóo,
Biriŋ móo fiŋ kelóo wilita,
Kéébaamaa ye kiilaa kii a doko folóo ye.
A ko a ye, ali kata ŋ'na naŋ jaŋ, kaatu kelóo le wilita.

| 2595 | The three had each found a new residence.
| | But they were Kaabunka.
| | When the war in Kaabu broke out,
| | They dispersed and came to settle in the land of Kasinka,
| | And they were identified as Kasinka.
| 2600 | This word also has a deep meaning.
| | The word "Kasinka" is Bambara:
| | "Man, why are you crying?" [*Bamanankang translation*]
| | The war broke out.
| | One of their men was full of anxiety.
| 2605 | He sat down and started crying.
| | His friends came to ask him: "Man, why are you crying?"
| | From then on, they began using the word "Kasinka."
| | The word "Serer" is also Mandinka.
| | The young Mandinka children made a song of it:
| 2610 | "Big Serer clay pot, big Serer clay pot,
| | "Somebody's child is hiding in the big clay pot, that Serer clay pot.
| | "Allow him to watch outside, the big Serer clay pot."
| | The battle became fierce.
| | One man got very worried.
| 2615 | He ran to hide in a big clay pot.
| | His friends found him there.
| | They chanted: "Big Serer clay pot, big Serer clay pot,
| | "Somebody's child is hiding in the big clay pot, that Serer clay pot.
| | "Allow him to watch outside, the big Serer clay pot."
| 2620 | From then on, they began using the word "Serer."
| | All this is Mandinka, all Kaabunka.

> *Saaliyaa, Ndambu of Saaliyaa.*
> *The sound of the royal drum is addressing Ndambu Saaliyaa.*
> *The tradesman of Saaliyaa is gone.*
> 2625 *It is true that all living creatures are mortals.*
> *If you stomp on the graveyards,*
> *Several brave warriors will answer your call*
> *Because they never shroud themselves.*

| | I am still within the confines of Kelefaa's story.
| 2630 | All these are part of Kelefaa's story.
| | Those three brothers . . .
| | When internal conflict broke out,
| | The eldest called for his younger brother.
| | He told him: "Come and help me because the war broke out here."

2635　A ko a ye, *suma mag baalal ma fii.*

I ko jéé Baali.
Wó lom Jóókaadu Baali ti.
A ye kiilaa kii a doko fulanjaŋóo ye.
A ko a ye, al bó naŋ al la saatewóo la, al ye kata ŋ'na naŋ.
2640　Kaatu kelóo le be kéériŋ.
A ko a ye, ŋ'te tàmbanata jaŋ ne.

Wól la Màndinka kaŋóo fasaróo ka taa wó le la.
Wó, itel ka a fo muŋ na nambarta jaŋ ne.
A ko ŋ'te tambanata jaŋ ne.
2645　I ko jéé Tàmbana.
Biriŋ Kelefaa be wó Tankulaar siyóo to.
Wó jalóo naata, a ye Njaayóol kumpabó.
A ye Kelefaa kibaaróo móy Kiyaŋ Tankulaar.

Wó niŋ Kulaari maŋ ke kiliŋ ti.
2650　Kulaari wó be Farañsi le.
Kiyaŋ Tankulaar be Kiyaŋ ne.
Jéé be baa daa la.
Kiyaŋ Tankulaar fanaŋ be baa le bala.
Ñiŋ Kulaari fanaŋ be baa boloŋóo le bala.
2655　Wó baa boloŋóo wó le be a niŋ Baariyaa teema.
Kiyaŋ Tankulaar be baa daa maafaŋóo le bala.

Walaa!
Biriŋ wó keta, a naata Kelefaa kontoŋ a fééjéé.
A ye mansa Demba kibaaróo móy Ñóómi Berendiŋ.
2660　Ye a loŋ, kuu jamaal bi jéé, i ka fili le.
Mansa Demba kontoŋóo maŋ ke Sonko ti,
Demba lom.
Bari a ñoŋ kéé ñimmaa te Jóókaadu bànkóo kaŋ.
Aduŋ dànnóo lom, dànna baa!
2665　A ka naa déémóo la Ñóómi niŋ Jóókaadu teema.
Niŋ tilóo kandita, a niŋ a la wulóol si naa miŋóo la
Berendiŋ woyóo to, a ye a la bolóo sóóli, a ye taa.

Niŋ musóol be kuuróo la . . .
Musu mansa taŋ niŋ fula le mansayaata Ñóómi,
2670　Maama Xaadama, Kalamaa Koy, Ñombiranjaŋ,
Kaañike, Kafuyaani, ñil béé mu musu mansóol le ti.
Wó tumóo Maama Xaadama, wó le be mansayaa la.

2635	The younger brother said to the eldest: "Allow me to stay here, my brother." [*Wolof translation*]
	They called the place Baali.
	That is Jookaadu Baali.
	He called for his second younger brother.
	He told him: "Leave your village and come give me a hand here
2640	"Because the war has broken out here."
	The second younger brother said to the eldest: "I settled down here."
	That is how they say it in their own language.
	Instead of saying: "I settled down here,"
	He said: "I settled down here" his way.
2645	They called the place Tambana.
	While Kelefaa was staying in Tankulaar,
	The *jali* came to pay a visit to the Njaay family.
	They informed him about Kelefaa's presence in Kiyang Tankulaar.
	It is not the same as Kulaari.
2650	Kulaari is on the French side.
	Kiyang Tankulaar is in the Kiyang region.
	It's by the seaside.
	Kiyang Tankulaar is also close to the sea.
	Kulaari is also close to the Bawo Bolong tributary.
2655	The Bawo Bolong tributary separates it from Baariyaa
	Isn't it Kiyang Tankulaar that is closer to the sea? [*Malang or Solo*]
	Yes, indeed!
	After that, he went to pay a visit to Kelefaa at his home.
	They informed him about King Demba in Ñoomi Berending.
2660	You know, many facts get lost as time goes by.
	But King Demba's last name is not Sonko.
	It is Demba.
	But there was no finer man in the land of Jookaadu.
	Besides, he was a hunter, a master hunter.
2665	He used to go hunting between Ñoomi and Jookaadu.
	In the hot afternoon, he would come to drink with his dogs
	In the Berending brook. He would then fill up his gourd and leave.
	When the women were doing their laundry . . .
	There have been twelve queens in Ñoomi:
2670	Maama Haadama, Kalamaa Koy, Ñombiranjang,
	Kaañike, Kafuyani; all these women were queens.
	But at the time Maama Haadama was the queen.

Musóol naata a fo a ye ko,
Dànna ka naa i miŋ Berendiŋ woyóo to jaŋ.
2675 Wó ñoŋ kéé ñimmaa te Ñóómi niŋ Jóókaadu bànkóo kaŋ.
A ko i ye, bari niŋ a naata,
A ye i tara kuuróo la jéé koteke,
Al si a fo a ye ŋ'te ko a si'i dankuŋ ma suuwóo kono.
Wó lom mansa Demba ti.
2680 Muŋ ye kelóo naati Ñóómi niŋ Jóókaadu teema,
Ŋ'ka taa jéé le kaŋ de.
Luŋ kiliŋ mansa Demba naata a niŋ a la wulóol.
A naata, a ye i miŋ Berendiŋ woyóo to.
A ye musóol tara kuuróo la,
2685 A ye i kontoŋ, ye a jóo.
A ye i miŋ, a ye a la bolóo sóóli.
A ko a be a kóo dii la, i ko a ye,
Faafa ñimmaa, musu mansóo ko, ŋ'si a fo ye
Ye taa i dankuŋ a ma suuwóo kono.
2690 A ko i ye, bari mbe teŋ muŋ ñaama teŋ,
Niŋ ŋ'na ñiŋ ñaróo niŋ ŋ'na ñiŋ feŋóol,
Ŋ'ti taa nóo la suuwóo kono teŋ.
A ye a kóo dii a taata.
I taata, i futata, i ko a ye, xa!
2695 Bii fanaŋ, a naata le.
Bari ŋa a fo a ye le.
A ko a be teŋ muŋ ñaama teŋ
A ti naa nóo suuwóo kono.
Baawóo bii lom dànnóol ka duŋ tilibulabaa la suuwóo kono.
2700 Nuntóo, dànnóol niŋ i dunta i la suuwóo kono,
I ka duŋ kooma daa la.
Móol mu ke i duntóo je.
Musu mansóo ko i ye, saayiŋ niŋ al ye a tara
Berendiŋ woyóo to koteke, niŋ a naata,
2705 Al si a fo a ye, ŋ'te ko a si naa dankuŋ ŋ'ma suuwóo kono.
Niŋ a ye a tara kuuru feŋóol muŋ mu al maŋ i bula jiyóo kono
Wó kuuru feŋóol al si a fo a ye a si'i juubéé
Mul si kaañaŋ a la a si'i duŋ a ye naa.
A ye naa dankuŋ ŋ'ma suuwóo kono jaŋ.
2710 Musóol bi jéé, i bi jéé, i bi jéé.
Luŋ kiliŋ i be kuuróo la tilibulabaa la,
I naata mansa Demba je naŋ, a funtita naŋ koteke a niŋ a la
  wulóol.
A naata, a ye i kontoŋ ye a jóo.
A ye a déé, a ye a la wulóol mindi,

The women came to report to her:
"There is a hunter who comes to drink in the Berending brook.
2675 "We haven't seen a finer man between Ñoomi and Jookaadu."
She said to them: "If he shows up again
"And finds you doing your laundry,
"Tell him that I want to see him at home."
King Demba, that is.
2680 What brought the war between Ñoomi and Jookaadu.
That's what I am getting at.
One day, King Demba came with his dogs.
He came and drank in the Berending brook.
He found the women doing their laundry.
2685 He greeted them and they greeted him back.
He drank first, and filled up his gourd.
He was about to show his back when they said to him:
"Dear Sir, the queen asked us to tell you
"That she wants to see you at home."
2690 He told them: "Seeing how I appear,
"With my old trinkets and my rags,
"I will not be able to go to her house looking like this."
He turned his back and disappeared.
The women returned and told her: "Ha!
2695 "He came back today.
"We gave him your message,
"But he replied that with his appearance,
"He was not able to come to see you."
Today's hunters return to their homes at the break of day.
2700 In the past, when the hunters entered their homes,
They would enter by the back door of their house;
No one would see them enter.
The queen told them: "This time, if he bumps into you
"Near the Berending brook, if he comes,
2705 "Tell him that I demanded to see him at home.
"If there are some clothes that you have not washed,
"Then tell him to try them on.
"If there are some, exactly his size, he can wear them and come.
"He can come and see me here."
2710 The women attended to their daily business.
One afternoon, while they were washing the laundry,
They saw King Demba returning with his dogs.

Nearing them, he waved, and they greeted him back.
He drank and gave his dogs some water.

2715 A ye a la bolóo sóóli.
A ko a bi taa, i ko a ye,
Mbaarinkéé, musu mansóo ko, i si taa i dankuŋ a ma suuwóo kono.
A ko i ye, bari wóluŋ al ye a fo ŋ'ñe jaŋ ne.

Ŋ'ko i ye mbe teŋ miŋ na ŋ'ti taa nóo la suuwóo kono.
2720 I ko a ye ko, kuuru feŋóo muŋ maŋ bula jiyóo kono,

I si'i juubéé muŋ si kaañaŋ i si'i duŋ ye a waliŋ,
Ye taa suuwóo kono, ye taa i dankuŋ a ma suuwóo kono.
Ye feŋóol dii a la, a ye i juubéé.
Mul kaañanta a la a ye i duŋ.
2725 A ye Maama Xaadama waliŋ Ñóómi Berendiŋ.
A taata, a sumanta musu mansóo la. A be siiriŋ.
Biriŋ a ye mansa Demba je biriŋ duuma fo santo
A ye a kanu.
Musu mansóo wilita a la mansayaa siiraŋóo kono.
2730 A ko mansa Demba ye, sii jaŋ.
A ko a ye, ŋ'te sii la jéé.
Ŋ'te fanaŋ mu mansa diŋóo le ti kom ite.
Bari ŋ'te maŋ tara mansayaa la.
Ŋ'te siiraŋóo taa la.
2735 A ko a ye ko, xani ŋ'te le ye ko sii ŋ'na siiraŋóo kaŋ.
A ko a ye ko xani.
Ye ñóo saba.
A ko a ye ko, ŋ'ko i ye sii ŋ'na siiraŋóo kaŋ.
Ŋ'te le bi naa i buuñaa la, ite ye sii.
2740 Mansa Demba siita.
A ko al tabulóo maa.
Ye tabulóo maa.
Seññoolóo kumata.
Berendiŋ kééwóol benta, musóol benta.
2745 I ko a ye, Maama Xaadama, muŋ nom?
A ko i ye, ŋ'na mansayaa niŋ ŋ'faŋóo,
Ŋa i béé cika ŋa i dii ñiŋ mansa Demba la.
A ko i ye, ŋa i béé cika ŋa i dii ñiŋ ne la.
Ñiŋ ne marata Ñóómi bànkóo la bii.
2750 Ŋ'te la mansayaa ŋa a cika a niŋ ŋ'faŋóo duŋ, ŋa i dii ñiŋ na,
Kaatu ŋa ñiŋ kanu le.
Ñiŋ koolaa ŋ'te te futuu la kéé la Ñóómi bànkóo kaŋ
Niŋ Jóókaadu bànkóo kaŋ.
Mansa Demba siiñaa fele.

The Epic / 139

2715 Then, he refilled his gourd.
As soon as he prepared to leave, the women informed him:
"Dear Sir, the queen demands that you go see her at her home."

He answered: "But the other day, you gave me the same message,
"And I told you that I was not able to go see her looking like this."
2720 They replied: "Look among these clothes that we have not yet washed.
"If some are your size, then put them on and go see her.
"Go home to hear what she has to say."
They handed him the clothes and he tried them on.
He wore those that fit him well.
2725 Then, he left to reply to Maama Haadama at Ñoomi Berending.
He arrived at the queen's home and found her sitting down.
When she scrutinized King Demba from head to toe,
She immediately fell in love with him.
The queen stood up from her throne.
2730 She told King Demba: "Sit here!"
"No, I will not sit there," he replied.
"I am also the child of a king like you.
"But for the moment, I am not the king of the throne.
"Therefore, I will not sit on the throne."
2735 She said to him: "No, I beg you to sit on the throne."
"No," he reiterated.
They argued and tugged at each other.
She told him: "I beg you to sit on my throne.
"I am going to reward you. Sit down, please."
2740 King Demba sat down.
She said: "Beat the royal drums!"
They sounded the royal drums.
The people ran from everywhere to gather.
The Berending men reunited, and the women gathered too.
2745 They asked her: "What is going on, Maama Haadama?"
She replied: "My throne and my title,
"I've surrendered them all to King Demba here."
She told them: "I've surrendered them all to this one.
"As of today he will rule the kingdom of Ñoomi."
2750 "I've surrendered them all to this one,
"Because I am in love with him.
"I will marry no other man from Ñoomi
"Or from Jookaadu than him."
This is how King Demba received his throne.

2755 Ye a yelemandi, i ko Sonko.
Xamaadaado Seekan Demba,
Ñankarandiŋ Bitibaa Faylaa,
Mansa Demba niŋ wól le wuluuta.
Wó kontoŋóo faŋóo mu Demba le ti.
2760 Jali Musaa, biriŋ a bota Kelefaa yaa,
A naata mansa Demba kontoŋ.
Bii lom jaliyaa buŋ óo buŋ i si duŋ jéé.
Bari wó tumóo jalóol ka buŋóol le waliŋ.
Mansakéé buŋ nom, lallumé buŋ, kandaa buŋ.
2765 Bii lom jaliyaa keta béé taa ti,
Bari kunuŋ jalóol niŋ i taal lom.
A naata mansa Demba kontoŋ,
A ye kooraa kosi, a ye kooraa kosi, a ye kooraa kosi.
Biriŋ suuwóo kuuta, a ye Kelefaa la ñiŋ julóo maa.
2770 A ko, mansa Demba!
A ko a ye, xaa!
A ko a ye, ŋ'ka ñiŋ julóo muŋ maa, ye a tiyóo loŋ ne baŋ?

A ko a ye xani.
A ko a ye, ñiŋ nom Maryaama Nànki diŋ kiliŋóo ti.
2775 A ko a ye, tenkiliŋ ŋanaa
Niŋ kànnii waali
Kamburu Mburuŋ niŋ Kancuŋ Dànnaa.
Kumburóŋóo bulata ñóo dólóo to
Tuŋaa kelelaa.
2780 A ko a ye, muŋ ne ye wól kumbaliŋóo fiŋ
Sansandaa la?
Ñayóo.
Muŋ ne ye i ñaatinkóo buusi?
Kidimunku siisiyóo.
2785 A ko a ye, wól bu ka jóótéé,
Tuŋaa kelelaal lom.
A ko a ye wó lom jumaa ti?
A ko a ye Kelefaa Saane.
A ko a ye, ŋa a tóo móy le.
2790 Ŋ'maŋ a je, ŋa a kanu le.
Bari ŋ'te niŋ Kelefaa jumaa lom kééwóo ti?

A ko a ye, ite niŋ Kelefaa la kuuwóol,
A munta le musu konomaa,
Fo a be kééwóo wuluu la baŋ,
2795 Fo a be musóó wuluu la baŋ, ŋ'maŋ a loŋ.

2755 They changed his name to Sonko.
Hamadaado Seekan Demba,
The unexpected great achiever,
Is King Demba's real brother.
His family name is also Demba.
2760 When Jali Musaa left Kelefaa's house,
He went to pay his respects to King Demba.
Nowadays, *jalóol* visit all chambers.
Before, however, *jalóol* visited a few chambers:
That is, the king's, the cleric's, and the warlord's chambers.
2765 But today's *jalóol* sell their good services to everybody.
The *jalóol* of yesterday had their own patrons.
He came to pay his respects to King Demba.
He played his kora for a long time.
That evening, he started playing a song on Kelefaa.
2770 He said: "King Demba!"
"Yes," he replied.
The *jali* said to him: "Do you know the hero of the song that I'm playing?"
"No," he responded.
The *jali* said to him: "It's the only son of Maryaama Nanki."
2775 He added: "The one-palm-tree-warrior
"And the old brave soldiers.
"Kamburu Mburung and Kanchung Dannaa.
"The bee dived into the wine.
"Foreign-land-fighters."
2780 The *jali* said to him: "What blackened their kneecaps
"By the fence line?
"It was by kneeling down.
"What burned their eyelashes?
"It was the gunpowder."
2785 The *jali* said to him: "These are not cowards;
"They fight in foreign lands."
"Who is that?" King Demba demanded.
"Kelefaa Saane," he responded.
King Demba said: "I've heard of him.
2790 "I have not seen him, but I admire him.
"I would like to know who is the bravest between Kelefaa and me."
The *jali* responded: "The comparison between you and Kelefaa,
"It's like a pregnant woman.
"Whether she is going to give birth to a girl
2795 "Or if she is going to give birth to a boy, I wouldn't know."

A ko a ye, jali baa, wó duŋ kotóo mu muŋ ne ti?
A ko a ye, ŋa Kelefaa la kelóo je le,
Ŋ'maŋ ite la kelóo je.
A ko a ye, wó tumóo saamaa ŋ'niŋ i bi taa Baariyaa.
2800 Wó saamóo, fanóo keta, i taata Baariyaa kaŋ.
Ye kidóo dii ñóo la,
Ye kidóo dii ñóo la,
Ye kidóo dii ñóo la,
Alansaróo be sii la, i korta Baariyaa la.
2805 I muruuta naŋ ka naa Berendiŋ.
Suutóo jalóó ye sumuŋóo lóó.
A ye kooraa kosi, a ye kooraa kosi,
A ye kooraa kosi, a ye kooraa kosi.
A ye Kelefaa la julóo maa.
2810 A ko a ye, ñiŋ julu tiyóo, muna ye a loŋ ne?
A ko a ye, xani.
A ko a ye, ñiŋ nom Maryaama Nànki diŋ kiliŋóo.
Sanka Nànki barindiŋóo,
Ntubaŋ Saane diŋóo, Nfàlli Saane diŋóo,
2815 Yirikuntu Saane mamariŋóo,
Suwaaró Saane mamariŋóo,
Yunka Saane mamariŋóo.
A ko a ye, ŋ'te niŋ Kelefaa duŋ jumaa lom kééwóo ti?

A ko a ye, i niŋ Kelefaa
2820 Munta le baa a niŋ boloŋóo.
A ko a ye, jumaa le duŋ mu baa ti?
A ko a ye, Kelefaa lom baa ti.
Ite mu boloŋóo ti
A ko a ye i niŋ Kelefaa misaalóo munta koloŋóo niŋ boloŋóo

2825 A ko a ye, jumaa le duŋ mu koloŋóo ti jali baa?
A ko a ye, ite mansa Demba lom koloŋóo ti.
Kelefaa mu boloŋóo ti.
Maryaama Nànki diŋóo, biriŋ ŋa a loŋ,
A nenemaŋ taa tatóo kono a ye bóri a la.
2830 Ite duŋ niŋ i taata Baariyaa, i korta a la,
Niŋ Maryaama Nànki diŋóo bi jéé,
Baariyaa tatóo be téé la le.
A ko a ye, wó tumóo ŋa a kanu le.
I si taa ye a fo la a ye.
2835 Mansa Demba ko a ye Kelefaa kanu,
A nenemaŋ a je.

The Epic / 143

King Demba asked him: "My dear *jali*, would you interpret that?"
He said to him: "I saw Kelefaa fight.
"But I have not yet seen you in battle."
"Well, tomorrow," he told him, "we will go to Baariyaa."
2800   The next morning they set off to Baariyaa.
They fired at each other.
They fired at each other.
They fired at each other.
By four o'clock, they had enough of Baariyaa,
2805   So they returned to Berending.
Evening fell, and the *jali* began a conversation.
He played his kora, he played his kora,
He played his kora and played his kora.
He started a piece on Kelefaa.
2810   He asked King Demba: "Do you know the hero of this song?"
"No," he replied.
The *jali* said to him: "It's the only child of Maryaama Nanki,
"The nephew of Sanka Nanki,
"The son of Ntubang Saane, the son of Nfalli Saane,
2815   "The grandson of Yirikuntu Saane,
"The great-grandson of Suwaaro Saane,
"The great-grandson of Yunka Saane."
"Who, then, is the bravest between Kelefaa and me?" King Demba asked.
The *jali* said: "Between you and Kelefaa,
2820   "It's like between the sea and its tributary."
King Demba said: "Who represents the sea then?"
The *jali* replied: "Kelefaa represents the sea.
"You represent the tributary."
He said to the king: "Between you and Kelefaa, it's like between the well and the tributary."
2825   The king asked him: "Then who represents the well, great *jali*?"
The *jali* said to him: "You, King Demba, you are the well;
"Kelefaa is the tributary.
"Ever since I knew the son of Maryaama Nanki,
"I never saw him flee the battlefield.
2830   "The day when you will show fatigue from Baariyaa,
"If the son of Maryaama Nanki is present that day,
"The strongholds of Baariyaa will be broken."
The king said to him: "If this is the case, then I admire him."
"Go and tell him my message."
2835   King Demba said that he admired Kelefaa
Without ever seeing him,

A ko a ye Kelefaa la kuuwóol diyaata a ye.
A si a waliŋ Baariyaa.
Kaatu a ye mansa kééwóol kiliŋ kiliŋ kili Baariyaa kaŋ ma le.

2840 A korta Baariyaa le.
A ko a ye, Dalaa Ŋalen na mamariŋóo,
Niŋ a futata jaŋ luŋ óo luŋ,
A ko a ye, wó luŋ Baariyaa be téé la le.
Jali Musaa niŋ mansa Demba la móól taata fo i futata
    Kelefaa ma.
2845 Ye i la silóo dantee.
A ko, alxamdulilaaxi ràbbil aalamiina!
Ŋa ŋ'kali ñiŋ na, sakalaŋóo ye ŋ'sóo,
Ka a taa naŋ biriŋ naŋ Fuuta mansa Karikoŋ Bànnaa yaa,
Ka naa Patiŋ mansa Tafuru Tandi yaa,
2850 Ka naa Wulli mansa Jalaa Waali yaa,
A niŋ Ñaani mansa Jalankonko yaa,
Jaara mansa Jaasii Bànnaa yaa
Badibu mansa Sankalaŋ Maroŋ,
Ka naa Kiyaŋ mansa Jifaaroŋ Kotoŋóo yaa jaŋ,
2855 Ŋ'te ŋa ŋ'kali ñiŋ na, sakalaŋóo ye ŋ'sóo.
Maryaama Nànki ma ŋ'te ñoŋ diŋóo wuluu.
Ŋ'te ñoŋ diŋóo maŋ wuluu.
Ŋa kelóo ñiniŋ ñil béé to, maŋ kelóo soto.

Ŋ'naata kelóo soto bii.
2860 A fo mansa Demba ye ŋa a kanu le,
Dunyaa a niŋ alkiyaama.
Niŋ Ala ye a ke ŋ'futata Baariyaa luŋ óo luŋ,
Baariyaa be téé la le.
Kiilaal ye i foñondiŋ. I sarta.
2865 A ye luŋ dii i la fo ñiŋ luŋ kaari mbi naa,
Wó luŋóo a be Ñóomi Berendiŋ waliŋ na le.
Ñancóo niŋ a la móol naata.
Niŋ muŋ ka Kambiyaa taama baake,
Niŋ i tambita Berendiŋ na, kelóo folóo,
2870 Duuta baa bi jéé, wulakono duutóo.
I ko a fo jéé Kelebenduuta.
A be sila baa kaŋ jéé, mbeddi baa koto.
Kelefaa naata, a siita wó duutóo le kono.
Ye kiilaa kii mansa Demba ye suuwóo kono.
2875 Màndinkóol ko a fo ye kurumpóo.

That Kelefaa's character pleased him.
Kelefaa can come and join him in Baariyaa.
Because he has invited the kings, one by one, to help him in Baariyaa,
2840 And now he is tired of Baariyaa.
The *jali* told King Demba: "The great-grandson of Dalaa Ŋalen,
"Whenever he arrives here,
"That day," he said, "Baariyaa will be broken."
Jali Musaa left with the men of King Demba for Kelefaa's house.

2845 They explained to Kelefaa the reason for their visit.
He exclaimed: "Thank God!
"I swore that I would be killed by the sword,
"When I visited Karikong Bannaa, king of Fuuta,
"Tafuru Tandi, king of Pating,
2850 "Jalaa Waali, king of Wulli,
"Jalang Konko, king of Ñaani,
"Jaasee Bannaa, king of Jaara,
"Sankalang Marong, king of Badibu,
"Jifaarong Koto, king of Kiyang.
2855 "I swore that a spear would strike me dead.
"Maryaama Nanki did not give birth to one like me.
"There is no other man who resembles me.
"I sought war among all of them and they refused me the honor.
"Today I have a battle granted.
2860 "Tell King Demba that I will hold admiration for him
"Until the end of the world.
"If God allows that we reach Baariyaa any day,
"Baariyaa will be in ruins."
The emissaries rested a moment, and then they said good-bye.
2865 He gave them a date when he would come.
That day he would arrive at Ñoomi Berending.
The prince arrived with his men.
If you travel quite a bit across the Gambia,
Then when you pass by Berending at the site of the first war,
2870 There is a large mango tree, a wild mango tree.
This place is called Kelebenduuta.
It's on the road near the great place.
Kelefaa came to sit under that mango tree.
They sent an emissary to King Demba at home.
2875 The Mandinka call it the fringe trim of a handwoven throw.

Màndinkóol ye a ke mansaalóo ti.
I ko, niŋ ye kurumpóo muta kuŋ,

I funtóo ka móol nafaa le.
Wó lom niŋ i be fondinkeyaa kono,
2880 Niŋ ye i maakuŋ, ye i kéékuuwóo loŋ
I koto dulaa si betiyaa.
Mansa Demba ko Kelefaa niŋ a la suuwóo
Te taama la bànkóo kaŋ.
Ye kurumpóo feenee
2885 Biriŋ mansa Demba la bundaa la, fo a futata Kelebenduuta.
Kelefaa la suuwóo taamata wó le kaŋ
Fo a futata mansa Demba yaa.

Bankiraŋ Kóli Tamarta Kotóo niŋ Maaraa Kóli
Wuluŋ be taamaa tambara maafula koloŋ
2890 Sonko kunukaŋ móylaal.
Kulanjaŋ kumbóóta daa wóo daa
Sonkóo si naamóo kaniŋ
I ko i ye naamu kaniŋ mansa

Jiféédi mansóol, Albadaari mansóol,
2895 Kaanuma mansóol, Bakindiki mansóol,
Buuñaadu mansóol, Berendiŋ mansóol,
Kuŋóótó mansóol.
Niŋ i niŋ i benta Buuñaadu
I si'i buuñaa.
2900 Niŋ i niŋ i benta Jiféédi
I si'i jimindi ye i juwóo féé.
Niŋ i niŋ i benta Bakindiki,
I si'i bulóol niŋ siŋóol kuntu ye i ke bakitóo ti.

Niŋ i niŋ i benta Kaanuma
2905 I si'i kaanóo téé i ñaa kono.
Niŋ i niŋ i benta Berendiŋ
I si bere baa cika ye a laa i kuŋóo kaŋ.
Niŋ i niŋ i benta Kuŋóóto,
Niŋ kuŋóo te i la wó luŋ i si kuŋóo ke i la.
2910 Tamarta Kotóo niŋ Maaraa Kóli.
Wuluŋ be taamaa tambara maafula koloŋ
Sonko kunukaŋ móylaal.
Biriŋ Kelefaa dunta,
A ye a la luntanyaa ke, kuuñaa fasoŋóo béé keta,

The Mandinka made a proverb with that word.
They say: "When you firmly hold the fringe trim of a
    handwoven throw,
"You will be much appreciated by people wherever you go."
That is to say, in your youth,
2880 If you make great efforts, there lie your merits.
You will be rewarded with a peaceful and comfortable old age.
King Demba said that Kelefaa and his horse
Would not set foot on the soil.
They displayed the handwoven fabrics
2885 From King Demba's house all the way to Kelebenduuta.
Kelefaa's horse trotted on these fabrics
Right up to the king's door.

    Bankirang Koli, Tamarta Koto, and Maara Koli.
    [undecipherable]
2890   Sonko, the listeners-of-the-birds.
    Every time the *kulanjaŋ*, "fish-eagle," sang,
    The Sonkos would collect taxes.
    From then on, they were called Sonko, the tax-
        collection-kings.
    Kings of Jifeedi, kings of Albadaari,
2895   Kings of Kaanuma, kings of Bakindiki,
    Kings of Buuñaadu, kings of Berending,
    Kings of Kung'oto.
    If you come across them in Buuñaadu,
    They will give you a reward.
2900   If you come across them in Jifeedi,
    They will bend you down and clean your bottoms.
    If you come across them in Bakindiki,
    They will cut your hands and feet off to make you a
        leper.
    If you come across them in Kaanuma,
2905   They will rub hot pepper in your eyes.
    If you come across them in Berending,
    They will hit you in the head with a large rock.
    If you come across them in Kung'oto
    If you are missing a head, they will give you one.
2910   Tamarta Koto and Maara Koli.
    [undecipherable]
    Sonko, the listeners-of-the-birds.
When Kelefaa came in,
And was welcomed with all sorts of festivities,

2915　Mansa Demba naata jalaŋóol ñininkaa Kelefaa la kuuwóol la.

Biriŋ ye jalaŋóol ñininkaa,
Jalaŋóol ye ñiŋ yitandi mansa Demba la,
I la luntaŋóo niŋ a taata Baariyaa,
Baariyaa be téé la le.
2920　Bari ŋa a taatóo le je maŋ a naatóo je.

Mansa Demba maŋ naa lafi Kelefaa ye taa Baariyaa.

A ye ñiŋ fo ko, Ala taa koolaa,
Ŋ'te le ŋa ñiŋ luntaŋóo sii jaŋ.
A maŋ tu dulaa to fo Baariyaa, wo maŋ diyaa ŋ'ñe.
2925　A naata wó kumóo le taa a ye a yitandi Kelefaa la.
A ko a ye, mansa Demba baluu luŋóo la joŋóo mu ka saayaa,

Saayaa luŋóo la joŋóo mu ka baluu.
Ŋ'te marata ñiŋ na.
Ŋa kelóo ñiniŋ naŋ biriŋ naŋ Fuuta
2930　Fo ka naa Kiyaŋ bànkóo kaŋ,
Fo ka naa Ñóómi bànkóo kaŋ.
Ŋ'te ŋa naa kelóo soto Baariyaa,
Ite te ŋ'te samba la Baariyaa,
Ŋ'te maŋ naa silaŋ feŋ na Baariyaa fo
2935　I ko ŋ'ñe ko niŋ ŋ'taata Baariyaa, mbi taa faa la jéé.

Niŋ ŋ'te seyta Kaabu,
Mbi taa ŋ'dànté la Kaabunkóol ye ñaadi?
A ko a ye, kuu fula lom de,
Ŋ'maŋ taa Baariyaa
2940　Ŋ'te kuŋóo ite kuŋóo.
Awu ŋa taa Baariyaa, muŋ be ke la wó ye ke.
A ko a ye, mbi taa Baariyaa le,
Awu maŋ taa Baariyaa, ŋ'te kuŋóo ite mansa Demba kuŋóo.

Mansa Demba fanaŋ maŋ wó karafa a kaŋ nóo wó to.
2945　I naata i paree, i be Baariyaa waliŋ na.
I taata, i futata Bariyaa. I futata tilijiyóo le la.
I be boloŋóo daamiŋ na, lee le bi jéé.
Wó leewóo, i naata musóol tara i be ñee déémóo la jéé,
Furundiŋ déémóo la.
2950　Ye kelebulóo je. I bórita, i taata ye a fo kééwóol ye suuwóo kono.
A ko i ye, musóol ye ŋ'je le.

2915	King Demba decided to go and consult the genies about Kelefaa.
	When he was finished talking with the genies,
	The genies showed this to King Demba:
	"If your guest goes to Baariyaa,
	"Baariyaa is going to fall.
2920	"However, we can only see him leave; we know nothing about his return."
	King Demba did not want to agree with letting Kelefaa go to Baariyaa.
	He gave these reasons: "Except for God,
	"It is by my wishes that this stranger is here.
	"It would not please me if he died at Baariyaa."
2925	He went to share these words with Kelefaa.
	Kelefaa replied: "King Demba, no one dies the same day that he is elected to live.
	"No one survives the day that he is elected to die.
	"This is exactly what I had hoped for.
	"I have been looking forward to a fight since Fuuta,
2930	"Traveling through the kingdom of Kiyang
	"All the way to the land of Ñoomi.
	"The moment when someone has offered me a war at Baariyaa,
	"You refuse to take me to Baariyaa.
	"I fear nothing about going to Baariyaa, except,
2935	"From what you are saying, that I am going to leave my soul in Baariyaa.
	"But if I return to Kaabu,
	"What am I going to tell the Kaabunka?"
	Kelefaa said to King Demba: "From two things, one:
	"If I don't go to Baariyaa,
2940	"Your head and my head.
	"Let us go then to Baariyaa, cost what it may."
	He repeated the same thing: "Whether I go to Baariyaa,
	"Or I don't go to Baariyaa, my head and yours, King Demba."
	King Demba did not accept this proposal.
2945	They prepared themselves and headed to Baariyaa.
	They reached Baariyaa by the west.
	Near the stream where they stopped, there was a marshland.
	They found women fishing on this marshland.
	They were fishing for tilapia.
2950	They saw the soldiers and ran to alert the men of the village.
	He told them: "The women saw us."

         Wó leewóo fanaŋ, xani saama niŋ i taata Baariyaa,
         I ka a fo wó leewóo ye Fooroolee.
         Kelefaa la kumóol, jalóol ka kuma jamaa fo jéé
2955   Ate wó ñaama.
         Kelefaa la saayaa sababóo sunta muŋ na,
         Mansa Demba ye kodóo le laa wo nóo to.
         Biriŋ i sumanta saate la,
         Musóol ye i je, Kelefaa lóóta. A ko i ye,
2960   Ŋ'kana duŋ Baariyaa saayiŋ.
         Niŋ ŋ'dunta Baariyaa ŋ'te kuu nóo la jéé.
         Kaatu ye ŋ'je le;
         I be i paree la ŋ'kooma le.
         A ko i ye, al ŋa duŋ bànkóo kono, ŋa ŋ'laa fo suuwóo ye kuu.

2965   Niŋ suuwóo kuuta, duwóo talaata, kidóo fanaŋ kana fay de.
         Kéé wóo kéé niŋ a tara kééwóo lom, i be i suu kaŋ i be i siŋ kaŋ,
         A béé be pajamóo le muta la.
         Niŋ ye dimbaa laa móo la buŋóo la,
         A ñaamooto le ka funti,
2970   A mu ka ñaanijóóraŋóo taa la.
         Musóol ye ñiŋ je ke ŋ'na teŋ,
         Niŋ i taata i be a fo la kééwóol ye Baariyaa.
         Aduŋ ye prepaare ke ŋ'kooma le.
         Niŋ ye móo tara pareeriŋ i mu ka kuu nóo la jéé.
2975   I dunta bànkóo kono ye i laa,
         Fo tilóo boyta, fo suuwóo kuuta.
         Ye suuwóol téndi boloŋóo la,
         Ye boloŋóo téé, sinnamaalu tééta.
         I funtita wó leewóo kono daamiŋ,
2980   Kéé wóo kéé niŋ a tara a bi jéé, a ye wó béé lóndi.
         A ko i ye, al pajamóo mala,
         Ye pajamóo mala.
         A ko i ye ali janjaŋ.
         Dóol taata bulubaa la, dóol taata maraa la.
2985   A ko i ye, al dimbaa laa buŋóol la.
         Kéé wóo kéé a béé niŋ pajamóo,
         Muŋ be a suu kaŋ, muŋ be a siŋ kaŋ,
         I béé ye pajamóo mala.
         I dunta Baariyaa tilijiyóo la daamiŋ,
2990   Ye dimbaa laa saate la, janjaŋóo keta.
         Dóol ye muŋ fo Kelefaa la istuwaaróo kono,
         Wó niŋ ŋ'te ŋa muŋ loŋ, ŋa ñiŋ fulóo béé kalamuta.

This marshland is still found in Baariyaa.
It is called Fooroole.
The *jalóol* speculate a lot about the story of Kelefaa.
2955 But it did not happen that way.
The circumstances surrounding the death of Kelefaa . . .
King Demba bet money on it.
When they arrived at the entrance to the village
And the women saw them, Kelefaa stood still. He said to them:
2960 "Let us not enter into Baariyaa now.
"If we enter into Baariyaa now it will be our loss
"Because they've already seen us.
"They will be well on guard."
He said to them: "Let us seek a place to sleep into the middle of the night.
2965 "Deep into the night, no one will fire his gun.
"Every man who is on horse or on foot
"Will carry a torch.
"If you set fire to someone's roof,
"He or she will suddenly rush out of the room,
2970 "Leaving all of his or her belongings in there.
"The fact that the women saw us:
"When they go, they will warn the men of Baariyaa.
"Consequently, they will be on guard twice as strongly.
"And, it's been said that a man warned is a man prepared."
2975 They infiltrated into the village and found a place to sleep
Up until late into the night.
They had their horses cross the river.
The men on foot followed suit.
When they reached the marshland,
2980 Kelefaa told every man present to be on his guard.
Then he told them: "Light your torches!"
They lit their torches.
He said to them: "Spread out."
Half of them took to the right and the other half to the left.
2985 He said to them: "Set fire to the roofs."
Every man held a torch in his hand,
Whether he was on horseback or on foot.
They all lit their torches.
They infiltrated into Baariyaa from the west.
2990 They set the village on fire and spread out in all directions.
The story told by some about Kelefaa
And the one that I know are both familiar to me.

Dóol ko wó Suurkundankóol mul bi jéé,
Mul ye a loŋ ko i taa mu Baariyaa ti,
2995 I mumuŋ kéébaa, i ka a fo a ye Bukan Nduur . . .
Wó Bukan Nduur le la musóo funtita jonkoŋóo la jalamutóo la.
A naata dimbaa je.
A ñaamooto dunta naŋ bunkono.
A ye a kéémaa kuniŋ, i ka a fo a ye Bukan Nduur.
3000 A ko a ye, kelóo dunta saate kono.
Dimbaa be saate tilijiyóo la.
Wó Bukan Nduur fanaŋ dunta a dokóol kaŋ.
A ye i kuniŋ wól béé ye i paree, dóol la fooróo to.

Ye Kelefaa faa sootóo muŋ koto,
3005 Wó sootóo ŋ'taata le fo ŋ'lóóta a koto.
Xani saama kesedaanóol be a bala, Baariyaa saatewóo kono.
I la banta baa tabóo muŋ mu i la banta baa tabóo ti,

Xani saamaa kesedaanóol be wó banta baa tabóo fanaŋ koto.

Wó Bukan Nduur, dóol la fooróo to . . .
3010 Dóol ka a fo solemaa le ye Kelefaa faa,

Ye a buŋ fenkóo la wóo,
Ŋ'te maŋ wó je ñiŋ istuwaaróo kono.
Kaatu ŋ'te ŋa ñiŋ istuwaaróo soto muŋ bulu,
Kelefaa mumuriŋóo lom.
3015 A la kodiforo sisilaa ŋa a je ŋ'ñaa to
A niŋ a la finkinte dokóo a niŋ a la jaaruwóo.
Wó finkinte dokóo jinnóol le ye a dii a la.
Wó jaaruwóo jinnóol le yaa dii a la.
Niŋ a pareeta a be tatóo muŋ waliŋ na,
3020 Wó dokóo boŋóo lom,
Bari a finta komi ñiŋ rajóo miŋ be lóóriŋ teŋ.
A si a ñaa tawuŋ a ye kodiforo jaaruwóo fay,
A si wó dokóo taa a ye a ke teŋ.
Niŋ a bulata a kono a be wó tatóo téé la.
3025 Wó dokóo be a la wó mumuriŋóo bulu
A niŋ a la kodiforo sisilaa a niŋ a la jaaruwóo.
Bari a te a yitandi la móo béé la de.
Kuu le ye a tinna ŋ'te ŋa a je.
Baawóo ŋ'na doko labaŋóo a ye wó le je.
3030 A lafita a la futuuwó la.

Some people say that as for the Suur family who settled there,
Who founded Baariyaa,
2995 Their patriarch was named Bukan Nduur.
Bukan Nduur's wife came out of the toilets.
She saw the fire.
Overwhelmed by fear, she ran into the room
To alert her husband, who is called Bukan Nduur.
3000 She said to him: "War has broken out in the village.
"The fires have taken the village on the west side."
Bukan Nduur ran into the homes of his brothers.
He alerted them, and they were all on their guard, according to some.
The fig tree under which they had killed Kelefaa,
3005 I, myself, went under that fig tree.
To this day you can find the bullet holes there, in Baariyaa.
The kapok tree for social gatherings, their social gathering kapok tree:
To this day you can find bullet holes on that social gathering kapok tree.
That Bukan Nduur, according to some historians . . .
3010 Some say that Kelefaa was killed by an uncircumcised person,
That they shot him with something.
I do not agree with these claims
Because the person who recounted the story to me,
He's Kelefaa's great-grandson.
3015 I saw with my own eyes his silver necklace,
His blind man's walking cane, and his ring.
The cane was given to him by the jinns.
The ring was given to him by the jinns.
As soon as he gets ready to attack a fortress . . .
3020 The cane is made of bamboo,
But it is black like this radio.
He will close his eyes and throw the silver ring.
Next he takes the cane and does like this.
If it goes through the ring, it will destroy the fortress.
3025 The cane is in the possession of his grandson,
As well as the silver necklace and the ring.
But he won't display them to the world.
He showed them to me, and for a reason.
He made the acquaintance of my youngest sister
3030 And wanted her hand in marriage.

Ala maŋ naa futuuwóo laa ñiŋ teema.
Kaatu a ye kuruwóo kii le
Fo ye a la futuuwóo muta.
Wó ye ŋ'tara Dakaar jaŋ ne niŋ Laalo Kéébaa.

3035 Wó niŋ ñinaŋ taata fo sanji muwaŋ.
A ye diŋ sunkutundiŋóo soto, a fele mbulu xani saama.
I ka a fo a ye Kinne Njaay.
Kelefaa mumuriŋóo lom wó ti.
Kelefaa diŋ musóo wó le ye wó faamaa wuluu.
3040 Bari wó maari be ñiŋ Dakaar saatewóo kono jaŋ de.
Niŋ ŋa a tóo fo dóol be a loŋ na le.
I ka a fo a ye Sirifóo Njaay.
Kelefaa la istuwaaróo mu istuwaar keme le ti.
A bukóo le be a bulu.
3045 Wó Bukan Nduur, dóol la saataróo to,
A niŋ ŋ'te ŋa a loŋ ñaamiŋ,
Mbi naa labaŋ na wó fanaŋ na le.
Dóol ko Bukan Nduur wó le wilita.
Biriŋ a ye a dokóol kuniŋ, ye i bàndi,
3050 Ye ila kééñaróol taa.
A taata sele sootóo santo.
Wó tumóo ye Kelefaa kibaaróo móy.
Baawóo itel mu Kasinkóol le ti.
Kasinkóol niŋ Jóólaal dankutóo le be i teema.
3055 Itel ko Kelefaa mu Jóólaa le ti.
Ye a kibaaróo móy mansa Demba yaa.
I maŋ tara pareeriŋ móo móo kaŋ ma niŋ a maŋ ke Kelefaa ti.

A taata sii wó sootóo santo.
Kelefaa kéé jaŋ baa,
3060 Kaatu a la kaburóo, ŋ'taata le fo ŋ'lóóta a kuntó Baariyaa.
Niŋ i bi taa Baariyaa tendaa la,
I bi taa Kulaari kaŋ,
A fele silóo maraa karóo la.
I ko wó le be santo.
3065 A ye a la kidóo soso, a ye a bàndi.
Kelefaa bi naa, a maŋ a yilla a ma.
A naata kolomóo kati santo.
Kelefaa ye a kuŋóo wilindi ka a juubéé
A ye kidóo tembe a fonkunaŋóo la jaŋ.
3070 Dóol ko néédiŋóo naata maraŋ a kaŋóo to.

But destiny decided against such a union.
Regardless, he sent kola nuts,
And afterward they set the day of the wedding.
At the time, I was here in Dakar, in the company of Laalo Keebaa.
3035 It's been twenty years now.
I am still his young daughter's guardian.
Her name is Kinne Njaay.
He himself is the great-grandson of Kelefaa.
The daughter of Kelefaa is the mother of his father.
3040 But that gentleman lives in the city of Dakar.
If I say his name, some will surely recognize it.
His name is Sirifo Njaay.
The story of Kelefaa is told in thousands of different versions.
It would require a book.
3045 The story told about Bukan Nduur
And the one that I really know . . .
I will conclude with both versions.
They say that Bukan Nduur woke up.
After he alerted his brothers, and they got themselves ready,
3050 They carried their weapons.
He climbed to the top.
They were already alerted to the presence of Kelefaa.
Since they are Kasinka,
And there is a strong bond between the Kasinka and the Joolaa,
3055 They concluded that Kelefaa was a Joolaa.
They knew that he was residing at King Demba's.
Consequently, they were on their guard for no one else but Kelefaa.
He went to perch on the fig tree.
Kelefaa was a tall and slender man,
3060 Because I saw his tomb, in Baariyaa.
On the way to Baariyaa, through the business center,
You will head to Kulaari.
It is on the right of the track.
They say that Bukan Nduur was perched on the tree.
3065 He loaded his rifle.
Kelefaa was coming and had no idea what was waiting for him.
He cut a branch from above him.
Kelefaa turned his head up to look at him.
Bukan Nduur shot him in the forehead.
3070 They say that the bullet went through to his throat, where it was lodged.

Dóol ye wó le fo.
Bari ŋ'te ŋa muŋ loŋ ñiŋ istuwaaróo kono . . .
Biriŋ Baariyaa tééta fo kabaŋ,
Mansa Demba niŋ a la móol be jaŋ na.
3075 I be ila furéél tomboŋ na.
Baariyankóol be ila furéél tomboŋ na.
Ñiŋ Bajeeba Njaayóol wilita.
I naata faabandiróo le la.
I niŋ wó jali Musaa kiliŋóo naata.
3080 Jalóo muŋ ye a tinna mansa Demba ye Kelefaa je.
Mansa Demba niŋ a la móol be fesuriŋ daamiŋ,
Ŋ'mu ka wó saata rajóo to de, wó mu ka fo rajóo to.

A naata i kili, a ye i bendi. A ko i ye ko,
Ŋ'te la xakkilóo ye kuu le dii ŋ'na.
3085 Ŋ'lafita ŋ'si wó yitandi la al la.
Al si ŋ'deema Kelefaa la kuuwóo ma.
Kaatu ŋa mansakéé jamaa le kili Baariyaa kaŋ ma.

Ŋ'te faŋóo ŋ'korta Baariyaa la.
Bari ñiŋ Kelefaa le ye Baariyaa téé.
3090 Niŋ Ala maŋ naa ñiŋ seyndi,
A siita ñiŋ bànkóo kaŋ,
Ŋ'tel la Sonko kundaa lasilóol be fili la le.
Dunyaa béé bi naa Kelefaa la tóo fo la a niŋ a la lasilóol.

Ŋ'te la mansayaa si naa buruka,
3095 Kaatu ate le ye ñiŋ saate téé.
Ŋa jaŋ maamaŋ, ŋ'korta.
Bari móo lom niŋ a ye a kóo dii,
A mu ka kooma juubéé.
Aduŋ kidóo te a duŋ na,
3100 Faŋóo te a duŋ na,
Muróo te a duŋ na,
Kortee te a duŋ na,
Tàmbóo te tuus nóo la a ma.
Bari al si taa, al ye làññaa ke a ye silóo kaŋ.
3105 Al ye sele yiróo santo, al ye julóo wereŋ.
Niŋ a naata
Al ye a bula a kaŋóo to al ye a saba.
Niŋ a niyóo bota al ye muru naŋ. Al ye duŋ biriŋóo kono.
Al ye naa. Al ko ŋ'ñe ko, Kelefaa ye a faa le.
3110 A niŋ a la móol dàkkorta wó la.

That is what they say.
But what I know about this story . . .
When Baariyaa had fallen already,
King Demba and his men were out there.
3075 They were gathering their corpses.
The people of Baariyaa were gathering theirs.
The Njaay family of Bajeeba showed up.
They came to greet the assembly,
In the company of Jali Musaa,
3080 The *jali* who introduced King Demba to Kelefaa.
The place where King Demba and his men had withdrawn,
I can't reveal that in the presence of a radio. No, it can't be revealed.
King Demba called them for a meeting and said to them:
"I reflected upon a question
3085 "And I would like to share my reflections with you.
"I would like your opinion on the situation of Kelefaa.
"As you know, I have asked for the help of lots of kings here in Baariyaa.
"Personally, I am tired of Baariyaa.
"But it is Kelefaa who caused Baariyaa to fall.
3090 "If, God forbid, he refuses to go home,
"And decides to stay on our land,
"Our Sonko lineage will be at risk of being lost.
"The whole world will only remember Kelefaa's name and his lineage.
"And we are going to lose our titles as kings.
3095 "Because it is he who made this village fall.
"I have shaken this place several times until I was tired.
"But he is the kind of person who, once he says good-bye,
"Does not look back.
"He is invulnerable to the gun.
3100 "He is invulnerable to the sword.
"He is invulnerable to the knife.
"He is invulnerable to magic.
"The dagger can do nothing against him.
"I suggest you go now and set traps on his path.
3105 "Then climb a tree and tie a rope to the branch.
"When he comes up,
"Throw the rope around his neck and then hoist the rope.
"When he breathes his last, you will return to the bush.
"You will come and inform me that you killed Kelefaa."
3110 He and his men agreed to make this plan happen.

I taata Kelefaa batu silóo kaŋ.
A niŋ a la suuwóo bi naa,
Ye julóo wereŋ yiribulóo kaŋ santo,
Silóo kuntu.
3115 Kelefaa naata, a futata i tembe féé.
Ye julóo bula a kaŋóo la, ye a saba.
Kidóo maŋ a faa,
Faŋóo maŋ a faa,
Muróo maŋ a faa,
3120 Tambóo maŋ a faa,
Kortee maŋ a faa.
Ye a saba ye a siti a be yindóndiŋ.
A maŋ futa bànkóo ma ate a la suuwóo kaŋ,

Fo a niyóo bota.
3125 Biriŋ a niyóo bota,
Ye a yoora, ye a landi.
Ye i faŋ samba naŋ wó silóo la.
I naata, ye Kelefaa tara laariŋ.
I niŋ suu boróo muruuta mansa Demba kaŋ.
3130 I ko a ye, i la luntaŋóo xay naŋ laariŋ.
Mansa Demba niŋ a la móol senta ñóo la.
I taata i niŋ Baariyankóol béé.
I futata, ye i ñuŋ Kelefaa la. I naata, ye a landi.

Folóóto ñancóol ke i debe le.
3135 Kelefaa balóo béé niŋ safee.
A la baakotoŋ binóo, suluuwóo ye muŋ dii a la,
A be a la deberkalóo koto.
A! I ko, bari ñiŋ keta kaaba kuu baa ti.

Ñiŋ niŋ ñiŋ ñara jamaa, i naata a faa.
3140 Wó binóo funtita a deberkalóo koto. A ko i ye,
Baluu luŋóo la joŋóo mu ka saayaa,
Saayaa luŋóo la joŋóo mu ka balu.
Ŋ'tel ŋa Kelefaa bóndi kuu koleŋ jamaa le kono
Muŋ siyaata ñiŋ ti,
3145 Bari Ala ko bii lom a la luŋóo ti.
I senta ñóo la wó binóo le kuntu.
Ye ñóo faa wó binóo kuntó koteke,
Dóol niŋ binóo kanata.
I ko wó binóo, dóol la fooróo to,
3150 I ko wó le keta Kamaleŋ binóo ti, wó baakotoŋ binóo.

They were on the lookout for Kelefaa on his way.
He was coming on horseback.
They attached the rope around the branch,
Which they strung across the street.
3115   When Kelefaa arrived in their vicinity,
They threw the cord around his neck and pulled on it.
The gun didn't kill him.
The sword didn't kill him.
The knife didn't kill him.
3120   The dagger didn't kill him.
Magic didn't kill him.
They hoisted him and let him hang. He was dangling.
His feet did not touch the ground; he was no longer on horseback.
Just then, he lost his breath.
3125   When he breathed his last,
They untied the cord and put him on the ground.
They moved into the area.
They found Kelefaa lying.
They jumped on their horses and ran to inform King Demba.
3130   They said to him: "Your guest is on the ground over there."
King Demba and his men gathered around.
They left, together with all the people of Baariyaa.
When they arrived, they grabbed Kelefaa and set him on the ground.
In old times, the princes used to have their hair braided.
3135   The body of Kelefaa was covered with writings.
The billy goat's horn that was given to him by the hyenas
Was attached to his braids.
Filled with terror, they cried out: "Good God, this is a strange thing!
"With all the charms on him, they finally killed him."
3140   The horn detached itself from the braids and said to them:
"No one dies the same day that he is elected to live.
"No one survives the day that he is elected to die.
"We have pulled Kelefaa out of adventures
"Far bigger than this one.
3145   "But God wished that he would die today."
There was a tug-of-war around the horn.
Again they tried to kill each other in order to get that horn.
Some fled with the horn.
It's been said that the same horn
3150   Became the horn of Kamaleng, that billy goat's horn.

Wó Baariyankóol ko ate baadéé la saatewóo to.

Fo ye a fay duwóol ye a domo,
Kaatu Jóólaa lom.
Itel mu Kasinkóol ti. Dankutóo be i niŋ a teema.
3155 I niŋ a maŋ deŋ feŋ na.
A naata laa Ñóóminkóol kaŋ,
Ye Baariyaa kele
Fo a ye Baariyaa téé.
Jali Musaa naata wili, a lóóta, a kumata Baariyankóol ma.
3160 A ko i ye, ŋa al daani al kana ñiŋ fay.
Al ye a tu jéé ŋa a baadéé.
Suluuwóol kana a domo, duwóol kana a domo.
I ko a ye, jali baa, niŋ i la kuuwóol teŋ,

Ñiŋ te baadéé la jaŋ,
3165 Duwóol le be a domo la.
Kaatu fuuy te ŋ'te niŋ ñiŋ teema;
Jóólaa lom.
Kelefaa duŋ maŋ ke Jóólaa ti.
Jinnóo la a fo ñiŋ nom Badóóra julujóólaa ti.

3170 I ka a fo Jóólaa Kelefaa; Màndinkóol ye a sutiyandi.
I maŋ soŋ a baadéé la i la kaburu baa to.
Wó fele silóo ye tilibóo la.
Ye Kelefaa baadéé a fayye.
Xani taamansee kiliŋ i maŋ a ke a kuntó.
3175 Bari a la kaburóo maŋ fili de.
Yiróo naata faliŋ a kunnatóo la.
Itel la wó maafaŋóo, i ko a ye daafiŋóo.
Ŋ'tel ko samanóo.
Samanóo, karankéél ka diŋóo muŋ bóndi teŋ,
3180 I ka a ke kolemuluŋóó ti,
Wó le falinta Kelefaa kuntó.
Xani bere sinkiróo, i maŋ a laa a kuntó.
Bari xani dindiŋóo muŋ be teŋ Baariyaa saatewóo kono,
Niŋ i ko a ye, ŋa taa ye taa Kelefaa la kaburóo yitandi ŋ'na,
3185 A si jéé yitandi ite la.
A be sila balóo;
A niŋ silóo teema
Munta jaŋ niŋ buntuŋóo kono.
Bari kéé jaŋ baa lom.
3190 Ka bó ñiŋ buntuŋóo kono ka naa jaŋ,

The people of Baariyaa said that he would not be buried in
   their land.
They demanded to sacrifice him to the vultures
Because he was a Joolaa.
They were Kasinka, and there is a strong bond between them.
3155 They had no difference of opinion between them.
Kelefaa came to establish himself with the Ñoominka,
To help them fight the war at Baariyaa,
And then he crushed Baariyaa.
Jali Musaa stood up and addressed the people of Baariyaa.
3160 He said to them: "I ask you not to throw him away.
"Allow us to bury him.
"Let no hyenas and no vultures eat him."
They said to him: "Great *Jali*, if we didn't have any
   consideration for you,
"Kelefaa would not be buried here.
3165 "Vultures would make him their big meal,
"Because we don't care much about him.
"He is a Joolaa."
But then, Kelefaa is not Joolaa.
The jinn named him the general treasurer–paymaster of
   Badoora.
3170 The Mandinka shortened it to Kelefaa the paymaster.
They refused to bury him in their main cemetery.
It is toward the east.
They buried Kelefaa alone.
There is not a single sign indicating his tomb.
3175 But his tomb is not lost.
A tree grew next to his head.
The local people call it *daafiŋóo*.
We call it *samanóo*.
It is the grain that shoemakers break
3180 To make a sort of glue.
It is what sprouted down there.
There is not a single brick around.
But if you ask any child of Baariyaa,
If you tell him: "Take me to Kelefaa's tomb,"
3185 He will show you the place.
It is by the roadside.
The distance that separates it from the road,
Is about between here and the henhouse.
But he was a big man.
3190 The distance from the henhouse to here

A la kaburóo jaŋayaa wó ye wó sii le.
Ñaamóo mu ka faliŋ jéé.
Kaburu baa muŋ i ko ite a baadéé la jéé,
Itel la kaburóo to, kaburóo bii, i ka tiyóo le sene wó to.
3195 Bari Kelefaa la kaburóo wó maŋ fili.
Ŋ'te ŋa ñiŋ ne loŋ Kelefaa la kuuwóol to.
Bànnaa diŋóo Suufule Jiité, Bunjaay Jiité.
Ŋ'si ñiŋ ne fo nóo ye jéé fanaŋ, Jiité Bànnaa.

Suuwóol be dóŋ na maaróol la suuwóol be dóŋ na

3200 *Janfaa tiñaata suuwóol be dóŋ na*
Yee maaróol la suuwóol be dóŋ na wóo
Janfaa tiñaata suuwóol be dóŋ na

Is close to the length of his tomb.
Grass does not grow on it.
The big cemetery where they refused to bury him,
Their cemetery has now become a peanut field.
3195 But the tomb of Kelefaa is not lost.
Here is the story of Kelefaa as I know it.
Dear Suufule Jiite, son of Bannaa, Boundiaye Jiite,
That is all I can tell you, Jiite Bannaa.

> *The horses are dancing; the warriors' horses are dancing.*
3200 > *The world has broken apart, the horses are dancing.*
> *O yea, the warriors' horses are dancing*
> *The world has broken apart, the horses are dancing.*

Annotations to the Mandinka Text

(1–7) Sirifo Camara's story begins with a praise poem addressed to the Saanes' royal lineage. His praises in this performance combine several heroes and events. Most of the time they do not celebrate the distinctive traits of Kelefaa Saane's life. John Johnson (1992) describes them as "floating praise-poetry." One hero can be credited with the accomplishments of all renowned heroes of his lineage. Kelefaa Saane is no exception to this conflation of ideal attributions, in spite of his unquestionable bravery.

Balaamaŋ is a patronym of the Saane lineage.

Tenkiliŋ ŋanaa, "the one-palm-tree-warrior": The reference is to a Saane or Maane king who used to drill wine from one palm tree only.

Kànnii waali: The old-time warriors.

Saarafaa Ñaaliŋ Jeenuŋ was the son of Kelemankoto Baa Saane, the first king of Kaabu. His other children were Saamanka Dallaa Jeenung and Kuntinka Siraa Bula Jeenung. See Gordon Innes (1978).

Yoobaa: Idiophone for approval; may translate the expression "yes indeed."

(8–10) Sirifo Camara first introduces the two *jalóol* who accompany him in his recital, Solo Kutujo of Pakaaw Bantanjang and the late Maalang Jaara, before mentioning the members of the audience assembled for his performance. Solo plays the kora and Maalang plays the stick. All three of them sing, but only Sirifo recounts the story of Kelefaa Saane.

The **kooraa** is the musical instrument adopted by the Mandinka *jalóol*. It is originally from Kaabu. It is composed of a gourd, a cowhide, three wooden rods, and twenty-one strings attached to the longest rod. The theories by historians of this harp-lute suggest that it was invented by one of two figures: Karkang Tumaani

Sisoho or Jali Maadi Wuling. See Ousmane Sow Huchard (2000) and Eric Charry (2000).

(12) **Suufule Jiité**: The patronym of Boundiaye Jiite, Sirifo Camara's host. He is a character fascinated by the cultural inheritance of Kaabu. Very often he will invite to his home traditional historians of the region. He has collected recordings of their epics and songs.

(15) **Jaaxankóo(l)**: The Jaahanke are a sub-ethnic group of the Mandinka. They live in the southeast region of Senegal.

(22) **Kumaasee**: To start, to begin. This expression derives from the French verb "commencer." The bard uses quite a few of these neologisms adopted by Mandinka.

(23) **Yunka Saane**: The narrator does not indicate in his genealogical table if the paternal lineage of Kelefaa Saane was of a royal descent.

(30–36) **Maalóóbaa, maabajóo, maasumóo** are Quinara Joolaa words.

(36–45) The bard's explanation as to how the *ñancóo* ascends to the crown is not clear.

(46) **Saata**: To recount.

(50) **Fulaŋóol**: Age-mates.

Faadiŋóol: Half brothers. Half brothers are often seen as rivals who fight for enviable distinction within the family.

(51–57) The bard recites many Mandinka proverbs, such as the verses of this paragraph, during his performance.

(58) **Sàmba Lingééri** is a Wolof expression describing a noble and charming man.

(59) **Maaróol**: The warriors. This term has a distinct usage. Only the *jalóol* use it to identify the princes who are named Saane or Maane.

(60) **Dàmmaa kelóo**, or **Ŋdàmmaŋu kelóo**: "War between us alone" is translated as internal conflict.

(63) **Kàccaa**: Conversation.

(65) **Kelefaa**: The name Kelefaa can be translated as the killing warrior, as suggested by the combination of "kele," to fight, and "faa," to kill.

(71) **Jinn**: A spirit that has powers to protect and destroy humans. Most of the jinns mentioned in the epic endow Kelefaa with extraordinary powers. They make their apparitions in different forms.

(72) **Joolaa**: This word, which may be pronounced in a distinct manner in the Mandinka language, has two meanings. The Joolaa are the dominant ethnic group in the southern Senegal region of Casamance. They also live in the region of Quinara, in the south of Guinea-Bissau. *Jóólaa* means the payer, the retaliator. The homophony of these two words contributes to reinforce the suspicion

of people concerning the authenticity of the Mandinka identity of Kelefaa Saane.
(82) **Kaabunka**: People of the kingdom of Kaabu; the Mandinka, by extension.
(83) **Payunku**: Situated in the northeast region of Guinea-Bissau.
(85–108) The family tree is difficult to comprehend. I was not able to make sense of the comparison between the hypothetical examples offered by the bard and the distinction between Sanka Mijjaa and Sanka Bannaa. We learn halfway through the narrative that Sanka Nanki also has a son named Sanka Mijjaa.
(149) **Waaw kanfoolaa**: The waaw-sayer. *Waaw* is Wolof for yes. To know how to say yes in Wolof does not make one a Wolof.
(156–157) **Barinkoto siyóo**: To remain at one's uncle's home. This is practiced in certain communities where the young man must be in the service of an uncle to earn the hand of one of his daughters.
(160) In many African cultures, as in Islamic law, a man can traditionally marry up to four wives or more.
(164) **Badóóra**: City in the region of Quinara in Guinea-Bissau.
(172–173) The soothsayers cited by Sirifo Camara are of many categories: the *jalantiyóol* are priests who consult spirits, the *kuuruŋfaylaal* use cowries to read the future, the *keñeboylaal* trace signs in the sand to read the future, the *sulubulalaal* dip plants in water to read the future.
(187–188) **Yunka**: The nickname for Kelefaa's ancestor is derived from the Mandinka word **yunkóo** (the wooded savannah). The bard also uses the word **sutóo** (179), synonymous with **yunkóo**.
(197–200) **Yirikuntu**: The nickname for Yunka's son (tree stump) is derived from the combination of **yiróo** (wood, branch) and **kuntu** (chop, cut down).
(201–209) **Suwaaró**: The nickname for Yirikuntu's son is derived from the combination of **suu** (horse) and **waaree** (spotted). His name was then modified to Suwaaro.
(213–219) **Ntubaŋ**: The nickname for Kelefaa's father is an imperative construction: **Ntu, baŋ!**, or "Leave me alone, for God's sake!"
Sakalaŋóo: The sword. The bard used quite frequently the synonymous word **faŋóo**.
(225) **Kulliyóo**: Naming ceremony. The noun suggests the first haircut (**kuŋ liyóo**) the baby receives on the seventh day of birth.
Niyóo: Soul. The bard talks about the disappearance of Ntubang's soul from earth, meaning his death.
(240) **Ñantuma njaari**: There is confusion among Mandinka speakers about the expression "ñantuma njaari." Some say it is when one

eats food he or she has not eaten for a long time. Others use it to mean food eaten for the first time.

(247–248) **Solóo be lawal zànnaa**: Solo is the Mandinka name for Abraham. Sirifo makes allusion to the name Abraham being mentioned in verses of the Qur'an. Indeed Prophet Abraham, also known as Kalil Rahmaan, "God's beloved friend," was cited in the Holy Book more than sixty times as an exemplary faithful who showed total submission to Allah.

(251) **Mbiraŋóo**: A calabash used to serve food. The Mandinka *jalóol* use the same calabash to make their koras.

(257) **Jalóol baabandiŋ, jalóol kuntó sumundiŋóo**: Sirifo is praising Solo Kutujo as a master kora player.

(258–262) The bard is mocking the *jalóol* who, according to him, are so bad that they deserve to be rewarded only with chicken heads.

(313–320) **Kabankóo** or **ñartànkóo**: Taxes (archaic). These words are less used today than the expression "naamóo," which means taxes. It is possible that people in a few rural areas still offer their stud bull, "seletuuraa mendiŋóo," their castrated steer, "seenee," or their cow, "mboreyee," to meet their tax obligations.

(325) **Dimaasóo**: (French) Sunday.

(328) The premature death of Ntubang Saane brought back the subject of the orphaned hero. Later, with the apparition of the jinns and their association with Kelefaa, the origin of the latter enters the domain of legend.

(329) **Deenaanóo**: The newborn child.

(333) In many African societies, there is a group of animals believed to be protector spirits, or evil spirits. The narrator identifies here some reptiles whose physiological characteristics will be associated with the extraordinary evolution of the character of Kelefaa Saane.

(374–380) King Sanka Nanki is in charge of naming his sister's son for two probable reasons. One is that Kelefaa's father died right after his birth. The second reason is that maternal uncles are responsible for the upbringing of their nephews in most West African family systems.

(437) **Jalansaa**: The snake protector.

(438–439) **Kóóséé**: Tanta Cossé Bacari and Umaro Cossé are located in the region of Bafatá (Guinea-Bissau), north of the Quinara region.

(449) **Ñankonkoŋ**: Chameleon.

(464–465) The bard gives great prominence to the number seven in its application to mystical (467–468; 925–926; 1869–1870) and religious (2307–2308) observances. There seems to be a symbolic use

of this number in holy books. Muslim faithful, for instance, turn round the Kaaba seven times during their pilgrimage to Mecca.
(483) **Kuutóo**: The monitor lizard.
(517) **Naamusóo**: Naamusóo was, according to Solo Kutujo, the jinn woman who followed Kelefaa Saane to Baariyaa. She asked Kelefaa to marry her. But Kelefaa was aware of her scheme to kill him and refused her the favor.
(534) **Kullu nafsi saayikatil mawti**: Islamic verse. Death is inevitable.
(541) **I bi jéé**: Lit., "They are there." The bard uses the expression frequently in order to close the gap between two separate events. In doing so, he shows that the interval between these events is so insignificant that it is not worth mentioning. Thus I decided to translate the sentence as "Time passed."
(547–548) **Lamóo**: Bracelet. This word is borrowed from Wolof. They often put a bracelet on a child to protect him or her from evil spirits. The bracelet that the jinns offered to Kelefaa Saane is used as a motif to focus on the distinctive attitudes of the child and to protect him or her against all dangers.
(560–567) King Sanka Nanki has great control over the occult, which enables him to know about the secret affairs of his kingdom. Furthermore, his power over the spirits (jinns) makes him a superhero. The bard makes reference to Sanka's knowledge of the occult in several passages of the epic. In one instance, he changes into a dragon to fight his nephew, Kelefaa Saane.
(583) **Kàmbaani mansa**: Kelefaa calls himself "kàmbaani mansa," the young boys' king. The "mansakéé" is the king and the "musu mansóo" is the queen.
(601) **Saakóo**: (French) sack.
(620) **I ka ñimóo folóo kintóo le la**: One learns to chew with millet.
(621–799) We see that it is in violation of socio-cultural rules that the young Kelefaa Saane comes to distinguish himself from the subjects of Badoora with, of course, the complicity of his uncle, Sanka Nanki.
(672) **Pur ŋ'na noosóo**: (French) For our party. The Senegalese use the word "noces" to mean having a party, not only a wedding party.
(686) **Mangasiinóo**: (French) store.
(690–693) The people of Kaabu, most often represented by the Saane and Maane lineages, devoted themselves to the consumption of wine. There was a moment, surely after the battle of Kansala, between King Jankee Waali and the Fulas of Fuuta, when the Mandinka people converted to Islam and ceased to drink alcohol. In the *jalóol*'s repertoire of songs, we often hear "Bii n'maŋ laa la mbe do-

loo miŋ na; Saane niŋ Maane le móóriyaata"; "Today, I do not believe that I will drink wine since the Saanes and Maanes have become Muslim clerics."

(705) **Mansakoloŋ**: The king's well.

(716) **Aafeeri**: (French) business, dealing.

(744) **Ñóo ñiiñaata daamiŋ, ŋa benteŋóo lóo jéé**: Let's make a hedge there where the millet has most flourished. Here, Kelefaa Saane invites his uncle to a fight.

(765) **Ñiŋ dindiŋóo maŋ wuluu folo**: That child is not born yet; in other words, he has no world experience. The people in the village believe that Kelefaa is too young to be displaying such misconduct as wreaking havoc on their properties for no reason.

(809–815) These verses belong to the Hadith Qudsi, which are God's revelations to Muhammad, but are not inscribed in the Qur'an.

(816) **Bilaal** was Ethiopian. The Mandinka *jalóol* call him Jonkéé (the servant). He was one of the closest disciples of the Prophet Muhammad. The black people identify themselves with Bilaal in their adherence to the Muslim religion. See David C. Conrad (1985).

(836) **Sanji fula kari fula**: The narrator says elsewhere that Kelefaa Saane had killed all of the chickens in the span of a year and two months: *Sanji kiliŋ kari fula*.

(853) **Saabu ñimmaal**: Good fortune, good luck.

(855) **Xani saama**: Until tomorrow. I translated the expression by using "still" instead of "until tomorrow," the literal translation.

(856) **Purtugeesinkóol**: The Portuguese. The narrator calls the inhabitants of Portuguese Guinea or Guinea-Bissau "the Portuguese."

(902) **Fasoŋóo**: (French) manner.

(930) **Dàkkor**: (French) to agree, to accept.

(931) **Sartóo**: (French) charter, pact, agreement.

(967–969) These lines are also a play on words: *Jaaxànkóo/jaakalintóo, Kasinkóo/sinsiŋóo, Ñóóminkóo/ñóóminnaa*.

(1051) **Bii kuuróo be koy la**: Today the linen will be clean (white).

(1100) **Faa maŋ fisiyaa faa ti**: A father is not better than another father. Kelefaa is displaying signs of a malaise before his mother. As it seems, he will not welcome any news that belittles his unknown father.

(1122–1123) **Kuyaŋ saróo**: Children announce the news of their circumcision to their elders in order to get their blessings.

Santaleena [Santa Helena] and **Bijiini** are cities in Guinea-Bissau. **Kawuru** is in the southern Senegal region of Casamance.

(1134) **Faŋ-loŋ**: (or **I-faŋ-loŋ**; "know yourself.") This dagger embodies all the qualities of the hero. It resembles Durendal, the sword of the baron Roland in *The Song of Roland*.

(1150) **Santaŋóo**: Copal tree.
(1151) **Jalóo**: Mahogany tree. Both big trees are associated with the notion of toughness and masculinity (Innes 1978, p. 29).
(1170) **Suluuwóol**: The hyenas. They often say that the hyena's hide is a good luck charm. In this scene, the hyenas offer other protections to Kelefaa Saane in order to reinforce his powers.
(1201) **Kamaleŋ binóo**: Sacred horn that was detached from the braids of Kelefaa Saane after his death and that was retrieved in the village of Kamaleng.
(1213) **Sewuraaseel**: Birds that the bard also calls "wuyaŋwuyaŋóo," "starlings."
(1215) **Foreyaa Fulóol**: The Fulas from Foreyaa are also known as Fulaforoo. This word embodies the state of purity and nobility. The Fulaforoo cover the region of Quinara in the east, in Guinea-Bissau. They are also in the northeast region of the country. The Fulapreto are situated in the west of the country, the Fuutafulóo in the southeast.
(1230–1241) Kelefaa does not manifest any respect toward the Fulas. The commentaries of Kaabunka people are very often biased toward the interests of the Fulas. It is customary for the Mandinka to call a Fula *fulandiŋóo* "the little Fula."
(1265) **Barakóo**: Grace, power. Here I translate it as "usefulness."
(1268) **Futuuyaa**: Couscous making.
(1269) **Daabereyaa**: Porridge making.
(1295–1308) The bard, Sirifo Camara, who is a staunch commentator of the Qur'an and the Hadith, is distancing himself from the dilettante professionals whose scholarship, as he put it, remains questionable. Here, he offers a complete record of the Prophet's family genealogy. In some of his performances he demonstrates that he is well versed in the lives of the most renowned prophets and clerics of Islam, for example, the dirge celebrating the holiness of the Haydara family of Sibicouroto, in Casamance.
Tiiñaŋ kiliŋ karannaa: A person whose knowledge of the Qur'an is minimal.
Wuluu bóoróo: The birth medicine.
Maneebaryaa: (French) unskilled labor.
(1310) **Seneraalóo**: (French) the general.
(1360) **Bajeeba**: The village of Géba is situated on the border of the Géba River in Guinea-Bissau.
(1361) **Bitikóol**: (French) shops.
(1362) The narrator only confirms the concerns of certain critics who support the claim that the Africans were involved in the slave trade.

(1375–1377) **Karankéé**: (or **farabóo**) A cobbler. He belongs to a lower caste and is looked at as a despicable person by the Mandinka and the Wolof. The bard describes him here as someone who can't keep a secret.

(1450) **Purcóo**: To pout. This verb suggests that the Badoora people were in doubt of Kelefaa's power to overcome the Fulas.

(1456) **Kóóriŋool**: Just as Kelefaa Saane is known as the fiercest *ñancóo*, so is Ŋalen Sonko, also known as Barlaban, called the fiercest *kóóriŋ*. The *kóóriŋ* are members of the Kaabu noble families. Ŋalen Sonko was in the service of the last Kaabu king, Mama Jankee Waali Saane, to whom he showed utmost loyalty until his death at the battle of Berekolong around the mid-1860s. The Sonkos, the Manjangs, the Saañangs, and the Jaasees are considered the four *kóóriŋ* families.

(1493) **Daramóo ñaato siŋóo be kaburóo siŋ na kom wó be a saare la**. This sentence is inscribed in the register of chants related to the wars of Kaabu. Jali Laalo Keebaa Daraame uses the same refrain in his song "Keddo." The narrator describes the action of the stallion near a grave. It is doubtful that such dramatic action took place in Sanka's house, as described by the bard.

(1504) **Almaamóo**: The imam.

(1505) **Salóo tiñaata**: The prayer was ruined. Muslims pray in rows behind the imam. But this time some faithful ran past the imam and therefore did not conform to the code of conduct required of them.

(1511) **Bagaasóol**: (French) luggage.

(1528) **Kaanaa**: A lizard.

(1540) The Fula king is also endowed with such occult powers that he can change into an animal creature.

(1556) **Tóósaatuŋóo**: The anthill, the termites' nest.

(1570) **Ranta**: From the French expression "se mettre en rang."

(1618) **Kidijuwóo**: The butt of the gun.

(1622) **Fo a ka karankóo téé a sisóo to**: The word "karankóo" means lice. The bard uses the description of lice cracking on the Fula king's chest.

(1626) **Baa, siin, miima, ra** are the first letters of the Arabic alphabet. "Jalóol la baa, siin, miima, ra" represents the learning song of the kora. The same song is called "Kelefaa baa sila folóo," or "The great Kelefaa's first adventure."

(1652) **Tonkoloŋóo**: The whirlwind.

(1653) **Taakaa**: The bush fire.

(1656) **Kontiŋóol**: Instruments with three strings. The Mandinka *jalóol* play the *kooraa*, the *kontiŋ*, and the *bala(foŋ)*. The Mandinka drum is called *sewrubaa*.

(1675–1676) **Jaalika faliilulaaxi yuuti man yasaawi / Wallaaxu sul faliilu yasiimu**. These verses of the Holy Qur'an are repeated three times in the text (also 1831–1832; 2465–2466). They can be found in chapters like "Al-hadid" (57:21) or "Al-jumu'ah" (62:4): "That is God's munificence; He bestows it on whom He will; God is of great munificence."

(1725–1762) There seems to be confusion as to how many times Sanka Nanki visited Kelefaa at the circumcision camp. At this juncture of the performance, the recording shows gaps in the sequence of events. Part of the bard's speech may have been lost in the recording. Kelefaa already has two red daggers and yet he is making the same request.

(1839) **Móóróo**: A marabout, a diviner. Cherno Yaayaa is a marabout whose strength lies more in divination than in teaching the word of Allah to an assembly of converts.

(1841) **Dóókuu**: To work. In this particular case the verb means to cast a spell by writing a curse.

(1869) **Kaluwaa**: To be on retreat. Cherno Yaayaa is on retreat to study the ways in which he can outdo Kelefaa.

(1873) **Xadama diŋóol**: Individuals. Human beings are also called Adam's children.

(1874) **Ye kurtóo duŋ i béé la**: Lit., "You can grab their shorts." Cherno Yaayaa is using a wrestling image to show how adversaries beat one another to the ground.

(1888) **Móóriyaa**: The work of a diviner.

(1890) **Nasóo**: A charm written on a piece of paper and soaked in water.

(1893) **Sadaa**: Charity, sacrifice.

(1979–1980) The privileged status of the king allows him to hold big banquets.

(1989) **Kalaa**: The pen. Sirifo Camara makes a reference to verses of the Qur'an that the diviners make use of to produce positive or negative effects on other individuals.

(1990) **Dabaróo**: Hexing, witchery.

(2008) **Busa saba**: Three sticks.

(2013) **Dalilóo**: The secret.

(2015–2026) There seems to be a gap between the first and second time Kelefaa opened his door and saw the crocodile that promised to grab him and let him go so that he will become a woman. Such gaps, as Johnson (1992) has pointed out, occur frequently in oral recitations.

(2038) **Tatóo**: The fortress, city walls, ramparts.

(2090–2102) **Santofaanóo**: The upper sarong. *Duumafaanóo* or *belembóo* is half the size of a sarong. Women use it as an undergarment.

This scene resembles a passage from *L'enfant noir* (Dark child), where Camara Laye describes his mother telling a horse to get up: "S'il est vrai que, depuis que je suis née, jamais je n'ai connu d'homme avant mon mariage; s'il est encore vrai que, depuis mon mariage, jamais je n'ai connu d'autre homme que mon mari, cheval, lève-toi"; "If it is true that I have never known a man from the day that I was born until the day of my wedding; if it is also true that during my marriage I never knew any man but my husband, horse, get up!" (p. 75). Maryaama Nanki is telling the crocodile that she is a pure woman who was married in virginity and has remained faithful to her husband.

Suruwaa: Wolof language and people are named *suruwaa* in Mandinka.

(2110) **Laalo**: Wolof word for gelatin made out of powdered baobab leaves. It is mixed with couscous to make it smooth.

(2127) **Kortee**: To cast an evil charm on someone.

(2147) **Kiilaal**: The messengers. Prophet Muhammad is also known to Mandinka Muslims as the Kiilaa, the Messenger.

(2197) **Salóo**: The bridge.

(2199) **Ninkinankóo**: The dragon. If Kelefaa Saane can fight the dragon in the water, it is because he is instilled with the characteristics of the lizard who said to Maryaama Nanki: "A day will come when the water and the earth will be of the same nature for your son." It is also important to remember the mystic forces that surround him and help to uphold his strength.

(2207–2211) In this scene, Kelefaa Saane shows compassion toward his uncle, Sanka Nanki. But it is very rare to witness the affectivity of the hero in his discussion with other characters.

(2272) **Jali baa**: Great **Jali**. Most talented *jalóol* go by the name Jalibaa, that is, Jalibaa Kouyate.

(2273) **Fina baa** (great *fina*): A **fina** is equivalent to a **jali**, except he does not play an instrument. **Finas** are mostly known as Islamic commentators.

(2300) Kelefaa Saane doesn't seem to know anything except war. This is why the narrator emphasizes that the rifle and the bullet, taken like his breakfast and dinner, were the two tools of war that impassioned him the most.

(2304) **Bijiini** is a holy city in Guinea-Bissau where the Muslim religion dominates.

(2310) **Karanlóo**: Logs used by students to make a fire for their evening classes.

(2330) **Dànka**: To cast a spell on someone.

Annotations to the Mandinka Text / 175

(2331) The chapter on Suleymaan Baa Baayo's character seems to engage the reader in a long digression. But whatever level of digression there is, it is important to keep in mind the importance of the paradox between the mystic powers that accompany Kelefaa Saane and the intervention of the Islamic religion that opposes his powers.

(2333) **Tumbukutu**: Timbuktu is an ancient city in northeastern Mali that dates to the twelfth century.

(2342) **Kummuusi**: A town in Guinea-Bissau.

(2343) **Bemme**: A town in Casamance.

(2347) **Kidikolomóo keme a niŋ tanwooro**: One hundred and sixty spears.

(2348) **Móóró mansóo**: The bard calls Suleymaan Baa Baayo a royal cleric, "móóro mansóo," because he is a holy man with a large congregation of believers.

(2353) **Kayróo**: Peace.

(2359) **Biriŋ**: A small group of **Brin** people who live in the northwest region of Casamance.

(2366) **Déémóo**: Combines hunting and fishing.

(2382) **Taalibóol**: The disciples, students.

(2404) **Tóóléé**: An imbecile, an idiot.
Kawyéé: A windbag.

(2410) **Siiñóol**: The followers, disciples (of Suleymaan Baa Baayo).

(2416–2418) The Friday prayer is a congregational prayer that Muslims are required to perform at a grand mosque. The prayer takes place after noon. It is accompanied by a sermon and a communal prayer led by the imam (prayer leader). It is during these communal prayers that the people of Bijiini show their disapproval of Kelefaa Saane.

(2419–2424) The bard seems to credit Kelefaa Saane for anticipating the collapse of the Kaabu kingdom in the mid-1860s, when King Maama Jankee Waali Saane was defeated at the battle of Kansala by Fula warriors.

(2430) The **Fuuta** is found in the east of Guinea-Bissau.

(2436–2440) **Wulli, Ñaani, Badibu,** and **Kiyaŋ** are provinces found on the north bank of the Gambia River.
Jaara is a province that borders the Gambia River on the south.

(2482) **Kullaabaay**: To reject a confrontation.

(2487–2498) The bard reverts to speech in the plural when mentioning the response of King Jalaa Waali to Kelefaa's challenge.
Dalaa Ŋalen: According to Jali Bamba Suso (Innes 1978), Dalaa Ŋalen, cited by Sirifo Camara in Kelefaa Saane's family tree, was the wife of Kelemankoto Baa Saane, the first king of Kaabu.

(2522–2535) The *jali* is praising the Saañangs, who are members of the four *kóóriŋ* families.

Faŋ Sumaŋ Santaŋóo: Name of a copal tree (santaŋóo) in the Kiyang region in the Gambia, where they were used for measuring the height of young girls to see if they were ready to be wed.

Bééri Jeenung: Name of a stone mountain in Kiyang.

Kabaa: Wild vine fruit plant.

(2549) **Jali Musaa**: Bamba Suso (Innes 1978) and Dembo Kanoute (Huchard 2000) mention Jali Maadi Wuleng as Kelefaa Saane's closest confidant among Mandinka *jalóol*. We are not sure whether the two *jalóol* are the same in spite of the name difference. In Suso's and Kanoute's versions, we learn that Jali Maadi Wuleng was by Kelefaa's side for most of his adventures. It does not seem to be the case with Jali Musaa, who came to visit the Njaay family in Kulaari and heard about Kelefaa while he was in the region.

(2552) **Baariyaa** and **Kulaari** are located in the Jookaadu province, to the north of Gambia.

(2554) **Alkaaliyaa**: The *alkaalóo* is the chief notable of the town.

(2555) **Almaamiyaa**: The *almaamóo* is the imam who leads the prayers.

(2556) **Ñóómi** is a province located to the west of Jookaadu.

(2559–2562) **Tambana, Meeme, Daasilaami**, and **Baali** are villages found in Jookaadu. **Suukuŋ** (the horse's head), **falikuŋ** (the donkey's head), **finkinte dokóo** (the blind man's cane), and **dumbukankuntóo** (the clay pot with broken wings) are sacrifices buried in these areas by the Sonko brothers in order to minimize their enemy's forces.

(2577) **Komersoŋóo**: (French) tradesman.

(2595–2596) **Kasinkadu**: The country of the Serer. **Kasinkóol** is the name that the Mandinka gave to the Serer ethnic group.

(2603) **Kéé be muŋ kasiwa**? This sentence is asking in Bamana: "Dear sir, why are you crying?"

(2629) **Móó fiŋ kelóo**: Lit., "The Black people's war." The bard is talking about the internal conflict that broke out in Kaabu.

(2632) **Suma mag baalal ma fii**! In Gambian Wolof this sentence means "I'm fine here, my older brother," or "Allow me to stay here, my older brother."

(2645) **Berendiŋ** is a village found in the Jookaadu region.

(2654) **Walaa**: (French) that's it.

(2775) **Tabulóo**: From the Arabic word "el-tabl." The *tabulóo* is a big drum used to announce breaking news. The Khadiriyaa brotherhood in Senegal also uses the *tabulóo* or *tabala* (in Wolof) during their religious ceremonies.

(2751–2755) The narrator's explanation as to the family name of King Demba is plausible. Indeed, we know his brother only under the name Hamadaado Seekan Demba.
Ñankarandiŋ Bitibaa Faylaa: Name given to King Demba's brother.
(2759–2763) The *jali* had a privileged status in traditional feudal societies. See Thomas Hale (1998).
(2885–2909) This praise poem belongs to the Sonkos of the princely line. According to Solo Kutujo, Sankule Faring Sonko of Berekolong is the patriarch of the Sonko family.
(2886; 2908) **Wuluŋ be taamaa tambara maafula koloŋ**: This line is undecipherable. Solo Kutujo could only say this: "It is an old saying."
(2891–2894) **Jiféédi, Kaanuma, Buuñaaduu, Kuŋoto, Bakindiki, Albadaari**: These are villages located in the Ñoomi region. Sirifo Camara, who was a master of wordplay, makes a pun relating the names of the villages to situations attributable to the Sonko kings. So we get the following pairs: *Jiféédi / juwóo féé, Kaanuma / kaanóo, Buuñaadu / buuñaa, Kuŋoto / kuŋóo téé, Bakindiki / bakitóo*.
(2923–2924) **[Wól jamaanóo,] baluu luŋóo la joŋóo mu ka saayaa; saayaa luŋóo la joŋóo mu ka baluu**: This expression is recited by all the *jalóol* who tell the story of the wars of Kaabu.
(2944) **Lee**: Salt flat.
(2954) Some people suspect that King Demba Sonko paid his subjects to win their silence on the reasons behind Kelefaa Saane's death.
(2993) **Jalamutóo**: To urinate.
(3003) **Kesedaanóol**: Bullet holes.
(3007) **Solemaa**: An uncircumcised person.
(3018) **Komi ñiŋ rajóo**: Like this radio. The bard is pointing to the cassette recorder recording his performance.
(3020) **A ye a ke teŋ**: He does like this. The bard used gestures quite a few times during his performance.
(3029) **Kuruwóo**: Kola nut. Kola nuts contain caffeine and have a bitter taste. People chew them mostly to facilitate digestion. In Senegambia, kola nuts are distributed ceremonially, during funerals, weddings, or other social events. Bridegrooms are required to offer a quantity of kola nuts to the family of their fiancée before any marriage decision can be made.
(3031) **Laalo Kéébaa Daraame** was, in his lifetime, the best and most renowned kora player in Senegal.
(3041) **Bukóo**: A book. A book is always a reference for knowledge. The bard insinuates that the story of Kelefaa deserves to be written because of all the extraordinary events in his life.
(3067) **Néédiŋóo**: A metal bullet. Bullet made of iron.

(3078–3079) In regards to the royal status of Demba Sonko, the narrator refuses to dwell on the rude remarks toward his people.

(3089) **Sonko kundaa**: The Sonko family.

(3151) **Dankutóo**: A bond. The narrator talks here about a bond of friendship, and probably a pact of non-aggression between the Joolaa and the Serer. The Serer mistook Kelefaa Saane for a Joolaa who violated the pact. Sirifo Camara still maintains that Kelefaa Saane is originally Mandinka.

BIBLIOGRAPHY

Austen, Ralph. 1999. *In Search of Sunjata: The Mande Oral Epic as History, Literature, and Performance.* Bloomington: Indiana University Press.
Ba, Adame Konaré. 1987. *L'épopée de Segu.* Paris: Pierre-Marcel Favre/ Agence de Coopération Culturelle et Technique.
Barry, Boubacar. 1988. *La Sénégambie du XVe au XIXe siècle.* Paris: L'Harmattan.
Belcher, Stephen. 1999. *Epic Traditions of Africa.* Bloomington: Indiana University Press.
Charry, Eric. 2000. *Mande Music: Traditional and Modern Music of the Maninka and Mandinka of West Africa.* Chicago: University of Chicago Press.
Chilcote, Ronald H. 1967. *Portuguese Africa.* Englewood Cliffs, N.J.: Prentice-Hall.
Cissoko, Sékéné-Mody, and Kaoussou Sambou. 1974. *Recueil des Traditions Orales des Mandingues de Gambie et de Casamance.* Niamey, Niger: C.E.L.H.T.O.
Conrad, David C. 1985. "Islam in the Oral Traditions of Mali: Bilali and Surakata." *Journal of African History* no. 26: 33–49.
Dieng, Bassirou. 1993. *L'épopée du Kajoor.* Dakar and Paris: Centre Africain d'Animation et d'Échanges Culturels/Khoudia.
Diop, Samba. 1995. *The Oral History and Literature of the Wolof People of Waalo, Northern Senegal.* Lewiston, Maine: Edwin Mellen Press.
Finnegan, Ruth. 1970. *Oral Literature in Africa.* Oxford: Clarendon Press.
———. 1992. *Oral Poetry.* Bloomington: Indiana University Press.
Foley, John M. 1988. *The Theory of Oral Composition: History and Methodology.* Bloomington: Indiana University Press.
Hale, Thomas. 1998. *Griots and Griottes: Masters of Words and Music.* Bloomington: Indiana University Press.
Harrow, Kenneth H., ed. 1991. *Faces of Islam in African Literature.* London: Heinemann.
———, ed. 1996. *The Marabout and the Muse: New Approaches to Islam in African Literature.* Portsmouth, N.H.: Heinemann.
Huchard, Ousmane Sow. 2000. *La Kora: Objet-témoin de la civilisation mandingue: Essai d'analyse organologique d'une harpe-luth africaine.* Dakar: Presses Universitaires de Dakar.
Innes, Gordon. 1974. *Sunjata: Three Mandinka Versions.* London: School of Oriental and African Studies, University of London.
———. 1976. *Kaabu and Fuladu: Historical Narratives of the Gambian Mandinka.* London: School of Oriental and African Studies, University of London.

———. 1978. *Kelefa Saane: His Career Recounted by Two Mandinka Bards.* London: School of Oriental and African Studies, University of London.
Johnson, John William. 1980. "Yes, Virginia, There Is an Epic in Africa." *Research in African Literatures* 11, no. 3: 308–26.
———. 1992. *The Epic of Son-Jara: A West African Tradition.* Bloomington: Indiana University Press.
Johnson, John William, Thomas Hale, and Stephen Belcher, eds. 1997. *Oral Epics from Africa: Vibrant Voices from a Vast Continent.* Bloomington: Indiana University Press.
Kesteloot, Lilyan, and Bassirou Dieng, eds. 1997. *Épopées d'Afrique Noire.* Paris: Karthala.
Khatib, M. M. 1984. *The Bounteous Koran Authorized by Al-Azhar : A Translation of Meaning and Commentary.* London: MacMillan Press.
Laye, Camara. 1953. *L'enfant noir.* Paris: Plon.
———. 1978. *Le maître de la parole: kouma lafôlô kouma.* Paris: Plon.
Le Gentil, Pierre. 1967. *La Chanson de Roland.* Paris: Hatier.
Lord, Albert B. 1960. *The Singer of Tales.* Cambridge, Mass.: Harvard University Press.
Niane, Djibril Tamsir. 1960. *Soundiata, ou l'épopée mandingue.* Paris: Présence Africaine.
———. 1989. *Histoire des Mandingues de l'Ouest.* Paris: Karthala.
Okpewho, Isidore. 1979. *The Epic in Africa: Toward a Poetics of the Oral Performance.* New York: Columbia University Press.
———. 1983. *Myth in Africa: A Study of Its Aesthetic and Cultural Relevance.* Cambridge: Cambridge University Press.
———. 1992. *African Oral Literature: Background, Character, and Continuity.* Bloomington: Indiana University Press.
Quinn, Charlotte. 1972. *Mandingo Kingdoms of the Senegambia.* Evanston, Ill.: Northwestern University Press.
Scuderi, Antonio. 2006. "Performance and Text in the Italian Carolingian Tradition." *Oral Tradition* 1, no. 21: 68–89.

INDEX

This index covers everything in the book except the epic text in Mandinka.

Al Bakri, xiii
Al Umari, xiii
ambush, xxx, 69, 71, 121. *See also* trap
anthill, 79, 172n1556
Askia Mohammed, xxviii

Baali, 131, 135, 176nn2559–2562
Baariyaa, xx, xxvi, xxxii, 9, 51, 85, 125, 131, 135, 143, 145, 149, 151, 153, 155, 157, 159, 161, 169n517, 176n2552
Badibu, xxxi, 11, 123, 129, 145, 175nn2436–2440
Badoora, xix, xxv–xxvi, xxx–xxxi, 9, 11, 19, 21, 25, 27, 29, 31, 37, 41, 43, 45, 53, 55, 59, 61, 67, 69, 71, 73, 77, 81, 83, 85, 95, 117, 119, 123, 161, 167n164, 169nn621–799, 172n1450
Bajeeba, 69, 71, 117, 131, 157, 171n1360
Balaba, xv
Bamanankang (Bambara), 133
Banbera, Tayiru, xxvii
bard, xiii, xviii, xx, xxii, xxvi, xxix, 166nn22,36–45,51–57, 167nn85–108,187–188, 213–219,225, 168nn258–262,464–465, 169nn541,560–567, 171nn1213,1295–1308, 172nn1375–1377,1493,1622, 173nn1725–1762, 175nn2348,2419–2424,2487–2498, 176n2629, 177nn3018,3020,3041, 180. *See also* Jali; Jalóol
Barry, Boubacar, xv, 179
Belcher, Stephen, xxvii, 179, 180
Bemme, 119, 175n2343
Berending, xxvi, xxxii, 131, 135, 137, 139, 143, 145, 147
Bijiini, xxv–xxvi, xxxi, 57, 113, 117, 119, 121, 123, 170nn1122–1123, 174n2304, 175nn2416–2418
Bilaal (Bilali), 43, 170n816, 179

birds, 129, 147, 171n1213
blacksmiths, xx, 29
Boundiaye Jiite, iv, ix, xxii, 7, 21, 93, 163, 166n12
bracelet, xxx, 29, 31, 169nn547–548
bull, stud, 19, 91, 99, 168nn313–320
bullet, 9, 103, 105, 117, 125, 127, 129, 153, 155, 174n2300, 177nn3003,3067

Calabash, xxiii, 15, 37, 168n251
Camara, Laye, 174nn2090–2102, 180
cane, 131, 153, 176nn2559–2562
canoe, 119, 121
captives, xx, xxvi, xxvii, xxxi. *See also* slave
Casamance, xxi–xxii, 166n72, 170nn1122–1123, 171nn1295–1308, 175nn2343,2359, 179
caste, xix, 172nn1375–1377
cattle, 35, 129
chameleon, xxx, 25, 168n449
Charry, Eric, 166nn8–10, 179
Cherno Yaayaa, xxxi, 93, 95, 101, 103, 107, 109, 173nn1839,1869,1874
chicken, 15, 35, 37, 39, 41, 43, 168nn258–262, 170n836
circumcision, 57, 63, 87, 89, 91, 170nn1122–1123, 173nn1725–1762
cleric, xx, xxvii, xxxi, 119, 123, 131, 141, 170nn690–693, 171nn1295–1308, 175n2348
cobbler, 172nn1375–1377. *See also* shoemaker
Conrad, David, xxvii, 170n816, 179
cow, 15, 19, 91, 97, 99, 168nn313–320
crocodile, xxiv, 23, 101, 103, 105, 107, 173nn2015–2026, 174nn2090–2102
crown, 5, 123, 125, 166nn36–45. *See also* throne

dagger, 57, 75, 89, 117, 157, 159, 170n1134, 173nn1725–1762
Dakar, iv, ix–x, xxii, xxxiii, 3, 67, 155, 179
diviner, xxxi, 93, 95, 97, 101, 107, 173nn1839,1888,1889
dog, 43, 131, 135, 137
donkey, 15, 176nn2559–2562
dragon, xxxi, 111, 169nn560–567, 174n2199
dream, 21, 25

Epic of Bamana Segu, xiii
Es Saadi, xiii
etiological tales, xxix

Fa-Digi Sisòkò, xxv, xxvii
Fina, 115, 174n2273
fire, 83, 117, 151, 153, 172n1653, 174n2310
fish-eagle, 147
Foreyaa, xxvi, xxx–xxxi, 61, 71, 73, 75, 81, 171n1215
formula, formulaic patterns, xxiii
French, xix, xxii, 135, 166n22, 168n325, 169nn601,672,686, 170nn716,902,930,931, 171nn1295–1308,1310,1361, 172nn1511,1570, 176nn2577,2654, 181
Fula (Fulani), xiii, xxi, xxvi, xxx–xxxi, 7, 9, 11, 23, 61, 63, 67, 69, 71, 73, 75, 77, 79, 81, 83, 87, 93, 107, 123, 125, 169nn690–693, 171nn1215, 1230–1241, 172nn1450,1540,1622, 175nn2419–2424; *Fulaforóo,* xxv, 71, 171n1215; Fulapreto, 171n1215
Fuladu, xviii, xxv, 71, 73, 75, 87, 179
Fuuta, xxxi, 9, 93, 109, 123, 145, 149, 169nn690–693, 175n2430; *Fuutafulóo,* 171n1215

Gambia, xiii, xv, xviii, xix–xx, 176nn2522–2535,2552; River, xxv, 175nn2436–2440
genealogy (genealogical), xx–xxi, xxv, xxix–xxx, 166n23, 171nn1295–1308
genie, 11, 17, 149. *See also Jinn*
Ghana, xiii
gifts, 117, 121
goat, 41, 43, 99; billy, 61, 159

God, 7, 11, 13, 17, 25, 29, 41, 45, 67, 93, 107, 115, 123, 145, 149, 157, 159, 167nn213–219, 168nn247–248, 170nn809–815, 173nn1675–1676
Griot, ix, xiii, xv, xix, xxxiii, 179. *See also Jali*
Guinea, xiii
Guinea-Bissau, 166n72, 167nn83,164, 168nn438–439, 170nn856,1122–1123, 171nn1215,1360, 174n2304, 175nn2342,2430
gun, 59, 83, 103, 105, 115, 117, 121, 151, 157, 159, 172n1618
gunpowder, 9, 63, 97, 125, 127, 129, 141

Hale, Thomas, ii, x–xi, xix, xxvii, 177nn2759–2763, 179–180
half brothers, 166n50. *See also* Rivals
Hamadaado Seekan Demba (King Demba's brother), 131, 141, 177nn2751–2755
hero, xviii–xix, xxi–xxii, xxv–xxviii, 141, 143, 165nn1–7, 168n328, 169nn560–567, 170n1134, 174nn2207–2211; archetypal, xviii; cultural, culture, ix, xviii; legendary, xiii, xxviii; *ñancóo,* xv
history, xxii–xxiii, xxviii, 179
hoe, 129
honey, 113; wine, 37
horn, 61, 159, 171n1201
horse, xxiv, 13, 31, 59, 69, 71, 75, 77, 89, 91, 111, 113, 125, 127, 147, 151, 159, 163, 167nn201–209, 174nn2090–2102, 176nn2559–2562. *See also* stallion
Huchard, Ousmane Sow, xxi, 166nn8–10, 179
hunter, 119, 121, 131, 135, 137
hyena, xxx, 59, 61, 125, 159, 161, 171n1170

Ibn Battuta, xiii
Ibn Khaldun, xiii
idiophone, 165nn1–7
Imam, 77, 131, 172nn1504,1505, 175nn2416–2418, 176n2555
Innes, Gordon, ix, xviii, xxvii, 165nn1–7, 171n1151, 175nn2487–2498, 176n2549, 179
Islam (Islamic), xx–xxi, xxvii, xxix,

xxxi, 167n160, 169nn534,690–693, 171nn1295–1308, 174n2273, 175n2331, 179

Jali, ix–x, xiii–xvi, xix–xxv, xxviii–xxix, xxxii–xxxiii, 3, 23, 65, 115, 129, 131, 135, 141, 143, 145, 157, 161, 166nn8–10, 172n1493, 174nn2272,2273, 175nn2487–2498, 176nn2522–2535,2549, 177nn2759–2763; *Jali* Musaa, xx, xxiv, xxxii, 129, 141, 145, 157, 161, 176n2549
Jalóol, ix, xiv, xv, xix–xxii, xxvi, xxix, xxxi, 5, 15, 21, 83, 85, 125, 141, 151, 165nn8–10, 166n59, 168nn251,257,258–262, 169nn690–693, 170n816, 172nn1626,1656, 174n2272, 176n2549, 177nn2923–2924. *See also Jali*
Jebate, Shirif, ix, xviii
Jinn, xxvi, xxviii, xxx–xxxi, 7, 19, 21, 23, 25, 27, 29, 31, 45, 47, 49, 93, 95, 99, 101, 105, 107, 109, 111, 113, 115, 117, 153, 161, 166n71, 168n328, 169nn517,547–548, 560–567
Johnson, John William, ii, x–xi, xxii, xxvii–xxviii, 165nn1–7, 173nn2015–2026, 180
Jookaadu, xix, xxvi–xxvii, 9, 125, 135, 137, 139, 176nn2552,2556,2559–2562,2645

Kaabu (Kaabunka), v, ix–x, xiii, xv, xvi, xviii–xx, xxviii, 5, 7, 17, 65, 119, 129, 133, 149, 165nn1–7,8–10, 166n12, 167n82, 169nn690–693, 171nn1230–1241, 172nn1456,1493, 175nn2419–2424,2487–2498, 176n2629, 177nn2923–2924, 179
Kati, xiii
Kawuru, 57, 170nn1122–1123
king, x, xix, xx–xxi, xxiv, xxvi–xxvii, xxx–xxxii, 9, 11, 17, 19, 23, 31, 33, 35, 37, 39, 51, 67, 69, 71, 73, 77, 79, 81, 83, 87, 91, 99, 119, 121, 123, 125, 127, 129, 131, 135, 137, 139, 141, 143, 145, 147, 149, 151, 155, 157, 159, 165nn1–7, 168nn374–380, 169nn560–567,583,690–693, 170n705, 172nn1456,1540,1622, 173nn1979–1980, 175nn2419–2424,2487–2498, 177nn2891–2894
King Demba, xix–xx, xxiv, xxvi–xxvii, xxxii, 131, 135, 137, 139, 141, 143, 145, 147, 149, 151, 155, 157, 159, 177nn2751–2755,2954
kingdom, ix, xiii, xv, xx, 19, 25, 27, 31, 61, 91, 99, 119, 121, 123, 125, 127, 129, 139, 149, 167n82, 169nn560–567, 175nn2419–2424, 180
kingship, xix, 9, 11, 123
Kiyang, xxxi–xxxii, 11, 123, 129, 135, 145, 149, 176nn2522–2535
knife, 33, 59, 113, 117, 157, 159. *See also* dagger
Koli Tengela, xv
Konting, 85
Koose, 25, 27
Kora, ix–x, xxi–xxiii, 3, 83, 85, 141, 143, 165nn8–10, 168nn251,257, 172n1626, 177n3031, 179
Kulaari, xx, 129, 131, 135, 155, 176nn2549,2552
Kumbiti Nanki (Kelefaa Saane's uncle; king of Bijiini), xxxi, 119, 121, 123

Laye, Camara. *See* Camara Laye
leatherworkers, xx. *See also* shoemaker
legend (legendary), ix, xiii, xxviii, 168n328
lizard, xxxiii, 77, 172n1528, 174n2199; monitor, xxx, 27, 169n483
Lord, Albert, xxii, 180

Maama Haadama (queen of Ñoomi Berending), xxxii, 135, 139
Maane, xv, xxii, xxix, 5, 51, 97, 165nn1–7, 166n59, 169nn690–693, 170nn690–693
magic, 157, 159. *See also* occult power
Mali, xiii, xv, xx, xxii, xxviii, 175n2333, 179
Mande, ix, xiii, xv, xix, xxii, xxvi–xxviii, 179
Manding, xxxi, 9, 11, 123, 125
Mandinka, iv, vii, ix, xi, xiii, xv, xviii, xix–xxiii, xxvi, xxxiii, 7, 21, 33, 61, 65, 67, 69, 71, 77, 83, 85, 87, 105, 119, 121, 133, 145, 147, 161, 165nn8–10, 166nn15,22,51–

57,72, 167nn72,82,187,188,240, 168nn247,248,251, 169nn690,693, 170n816, 171nn1230–1241, 172nn1375–1377,1656, 174nn2090–2102,2147, 176nn2549,2595–2596, 180
Mansa Musa, xiii
Marabout, 173n1839, 179. *See also* cleric; diviner
marriage, xxix–xxxii, 7, 47, 49, 111, 153, 174nn2090–2102, 177n3029
Maryaama Nanki (mother of Kelefaa Saane), xxiv, xxix–xxx, 7, 11, 15, 17, 19, 21, 23, 25, 27, 29, 31, 39, 41, 47, 51, 55, 89, 99, 105, 117, 119, 125, 141, 143, 145, 174nn2090–2102,2199
Mauritania, xiii
millet, 33, 39, 65, 169n620, 170n744
mosque, 123, 175nn2416–2418
mourning, 25, 27, 85, 125
Muhammad, Prophet, xxi, xxx, 43, 170nn809–815,816, 174n2147; genealogy of, 65

naming ceremony, xxix, 13, 17, 27, 167n225
Niane, Djibril Tamsir, xv, 180
Ntubang (Nfalli) Saane (Kelefaa Saane's father), xxix–xxx, 3, 11, 13, 17, 19, 21, 25, 27, 105, 107, 143, 167n225, 168n328
number seven, xxvii, xxxi, 25, 45, 47, 69, 71, 95, 111, 115, 123, 167n225, 168nn464–465, 169nn464–465
Nyanchol, xv

Ñaani, xxxi, 8–9, 123, 127, 145, 175nn2436–2440
Ñamakalaaw, xix–xx
Ñoomi, xxvi, xxxii, 131, 135, 137, 139, 145, 149, 176n2556, 177nn2891–2894

occult power, xix, xxvi, 172n1540
Okpewho, Isidore, xxix, 180

Pating, xxxi, 9, 123, 125, 145
Payunku, 7, 167n83
power, xiii, xv, xix–xx, xxiii, xxvi–xxviii, 17, 25, 67, 81, 109, 166n71, 169nn560–567, 171nn1170,1265, 172nn1450,1540, 175n2331

praise, xxi, xxxii, 23, 109, 165nn1–7; names, xxv; poems, xxviii–xxix, 165nn1–7, 177nn2885–2909; proverb, xxiii; songs, xix–xx, xxvi
prayers, xxv, xxxi, 75, 123, 172n1505, 175nn2416–2418, 176n2555
priests, 167nn172–173. *See also* soothsayers
princes, xxi, xxiv, 5, 11, 31, 73, 159, 166n59
proverb, xxv–xxvi, xxviii–xxix, 166nn51–57
pun, xxv, 177nn2891–2894

queen, 135, 137, 139, 169n583. *See also* Maama Haadama (queen of Ñoomi Berending)
Quinara, 5, 7, 166nn30–36,72, 167n164, 168nn438–439, 171n1215
Qu'ran, xxi, 168nn247–248, 170nn809–815, 171nn1295–1308, 173nn1675–1676,1989. *See also* Islam (islamic)

radio, xiii, xxi–xxii, 153, 157, 177n3018
religion, xxi, 170n816, 174n2304, 175n2331
rivals, 5, 115, 166n50
rooster, 79

Saalum, 11, 125
sacrifice, xx, 15, 95, 97, 99, 161, 173n1893, 176nn2559–2562
Sanka Nanki (king of Badoora Birikaama; maternal uncle of Kelefaa Saane), xix, xxvi, xxx–xxxi, 7, 15, 17, 19, 21, 25, 27, 29, 31, 33, 35, 37, 39, 41, 43, 49, 51, 53, 55, 73, 75, 83, 87, 89, 93, 95, 97, 99, 101, 105, 107, 111, 113, 115, 119, 143, 167nn85–108, 168nn374–380, 169nn560–567,621–799, 173nn1725–762, 174nn2207–2211
Santaleena, 57, 170nn1122–1123
Senegal, iv, ix–x, xiii, xxi, 166nn15,72, 170nn1122–1123, 176n2775, 177n3031, 179
Senegambia(n), iv, ix, xiii, xv, xviii–xx, 177n3029, 180
Serer, xxvi, 49, 133, 176nn2595–2596, 178n3151

sheep, xxx, 41, 43, 45, 47, 49, 51, 53, 55, 99
shoemaker, 69, 71, 79, 81, 161
Sirifo Camara, iii–iv, ix–xi, *xiv*, xviii, xix, xxi–xxiii, xvi–xxvii, 3, 165nn1–7,8–10, 166n12, 167nn172–173, 171nn1295–1308, 173n1989, 175nn2487–2498, 178n3151
slave, xx, 57, 63, 67, 73, 75, 87, 89, 71, 125, 171n1362
snail, 61
snake, xxx, 13, 23, 25, 79, 168n437
Song of Roland, xxvii, 170n1134
Songhay, xxviii
Soninke, xiii
Son-Jara, xxv, xxvii, 180
soothsayers, xxix, 11, 13, 17, 167nn172–173
sorcerer. *See* Diviner; *Jinn*
spell, xxxi, 67, 119, 174n2330
spirits, xx, xxviii, 166n71, 167nn172–173, 168n333, 169nn547–548,560–567
squirrel, 71
stallion, 75, 81, 172n1493. *See also* Horse
starlings, 61, 171n1213
steer, castrated, 19, 91, 99, 168nn313–320
stick, 101, 107, 129, 165nn8–10, 173n2008
Suleymaan Baa Baayo, xxvi–xxvii, xxxi, 119, 121, 123, 175nn2331,2348,2410
Sun-Jata (Sunjata, Sundiata) Keita, xii, xv, xxviii. *See also* Son-Jara
supernatural, xxiii, xxviii
Suso, Bamba, ix, xviii, 175nn2487–2498, 176n2549
sword, 13, 49, 51, 53, 59, 69, 75, 81, 89, 91, 115, 145, 157, 159, 167nn213–219, 170n1134

Tambana, 131, 135, 176nn2559–2562
Tankulaar, xxxii, 129, 135
taxes, xxxii, 19, 91, 147, 168nn313–320

termites, 85, 93, 125, 172n1556
themes, résumé of, in Sirifo's epic, xxix–xxxii
throne, xviii, 11, 119, 127, 139
Timbuktu, xxxi, 119, 175n2333
Tiramagan Tarawere, xv, 51
trap, xxxii, 61, 63, 75, 157
tree, xxx, 47, 59, 85, 103, 155, 157, 161n3176, 171n1151; baobab, 67; copal, 59, 171n1150, 176nn2522–2535; cotton, 11; family, 167nn85–108, 175nn2487–2498; fig, 153, 155; kapok, 153; mahogany, 59, 171n1151; mango, 145; palm, 3, 5, 15, 47, 51, 57, 63, 85, 97, 109, 111, 115, 125, 130, 165nn1–7; tree stump, 13, 79, 167nn197–200

vulture, xx, 65, 125, 161

war, xviii–xix, xxvi, xxxi, 13, 105, 125, 127, 129, 131, 133, 135, 137, 145, 149, 153, 159, 161, 166n60, 172n1493, 174n2300, 176n2629, 177nn2923–2924; warfare, xxix; warlords, xx, xxvi, 141
warriors, ix, xv, xviii, xix–xx, xxiv, xxvi–xxvii, xxxiii, 3, 5, 11, 15, 21, 47, 51, 57, 63, 67, 69, 73, 85, 91, 93, 97, 105, 109, 111, 115, 125, 129, 133, 141, 163, 165nn1–7, 166nn59,65, 175nn2419–2424
wine, 11, 17, 37, 51, 57, 71, 75, 79, 97, 109, 117, 141, 165nn1–7, 169nn690–693, 170nn690–693
witchcraft, 95, 101, 107
Wolof, xiii, 11, 49, 51, 105, 135, 166n58, 167n149, 169nn547–548, 172nn1375–1377, 174nn2090–2102,2110, 176nn2632,2775, 179, 181
worms, 85, 93, 125
Wulli, xxxi, 9, 123, 127, 145, 175nn2436–2440

Ziguinchor, xxi–xxii

SANA CAMARA is Associate Professor of French at Truman State University. He is editor of *Wolof Lexicon and Grammar* and *Sëriñ Muusaa Ka: Melokaani Roytéef* (Sëriñ Muusaa Ka: the example of a role model), a compilation of six Wolof poems about the life of the spiritual guide of the Muridiyya brotherhood.

OHIO UNIVERSITY LIBRARY
Please return this book as soon as you have finished with it. In order to avoid a fine it must be returned by the latest date stamped below. All books are subject to recall after two weeks or immediately if needed for reserve.

CF